邁克（Mike）和邁拉・麥科伊（Myra McCoy），

你們以仁慈對待我的失敗，邀請我更深地愛耶穌。

把難處變為優勢

二版

作蹣跚的領袖

艾倫德 著
陳永財 譯

基道出版社

▼

靈修著作精選

把難處變為優勢

作蹣跚的領袖

Leading with a Limp

Turning Your Struggles into Strengths

作者
艾倫德 Dan B. Allender

譯者
陳永財

責任編輯
羅慧琪

裝幀設計
奇文雲海 · 設計顧問

■

出版 / 發行
基道出版社
香港沙田火炭坳背灣街 26 號富騰工業中心 1011 室
LOGOS PUBLISHERS
Unit 1011, Fo Tan Ind. Centre, 26 Au Pui Wan St., Shatin, Hong Kong
電話：(852) 2687-0331 傳真：(852) 2687-0281
網址：http://www.logos.com.hk

承印
海洋印務有限公司

●

4/2009 初版 11/2014 二版
Cat. No. LP632-2
ISBN: 978-962-457-374-9
Originally published in English under the title:
Leading with a Limp by Dan Allender

Published by WaterBrook Press, an imprint of The Crown Publishing Group,
a division of Random House LLC
12265 Oracle Boulevard, Suite 200, Colorado Springs, Colorado 80921 USA
International rights contracted through:
Gospel Literature International P.O. Box 4060, Ontario, California 91761-1003 USA
This translation published by arrangement with WaterBrook Press,
an imprint of The Crown Publishing Group, a division of Random House LLC

Printed in Hong Kong

刷次	10	9	8	7	6	5	4	3	2	1
年份	2023	2022	2021	2020	2019	2018	2017	2016	2015	2014

致謝

對我來說，領導好像去見牙醫一樣自然。我毋須別人告訴我去用假蠅釣魚（fly-fishing）或駕船。每當有時間，各種情況又許可時，我都會把握機會這樣做。但領導卻不是這樣。我認識很少人，是似乎優雅和輕易地領導的，但他們承認那代價很高昂，而那能力也不是與生俱來的。

事實上，我從那些領導得好的人身上學到的是，那代價似乎總是比得益更大，但不做這事就是違背他們的呼召，剝削那些渴望得他們明智地照顧的人。我十分感激那些帶領我去領導，與我搏鬥，令我成為更聖潔和更明智的領袖的人。

邁克・麥科伊（Mike McCoy）

自從馬斯希爾研究院（Mars Hill Graduate School）成立後，便成為它董事會的主席，你成了溫柔的父親，勇敢的戰士和熱誠的藝術家，號召我們每一個人活出我們較美好善良的一面，承認我們較邪惡的行為，並為之悔改。你是我的朋友，以復活的盼望忍受我的失敗。如果沒有你的照顧，這本書，當然也包括研究院，永遠——我的意思是**永遠**——都不會存在。我也感謝你邁拉（Myra），帶領邁克進入破碎的領導這崇高的呼召。

羅恩・卡魯奇（Ron Carucci）

你是慷慨、仁慈和明智的人，樂意選擇成為馬斯希爾研究院的主要營運主任，這條看起來仍然是荒謬的路。你有能力幫助別人走進上帝崇高的呼召，是十分美麗的工作。你對組成這本書的智慧，是令這本書得以完成的轉捩點。這本書的優點要歸功於你，而那些失敗之處實在只能夠歸咎於我。巴巴拉（Barbara），多謝你叫羅恩看到他自己到馬斯希爾這個呼召的瘋狂。

馬斯希爾研究院過去和現在的董事會成員

麥拉倫（Brian McLaren）、謝潑德（Kevin Shepherd）、哈欽斯（Kim Hutchins）、史密斯（Scotty Smith）、羅恩・卡魯奇、邁克・麥科伊、巴多布（Sigi Gbadebo）、吉烏利亞諾（Barbara Giuliano）、伊斯特林（Jack Easterling）、貝克威斯（Ivy Beckwith）、康德（Tim Conder）：你們與我一起走過我一生裏其中一些最奇怪和艱難的季節。期間有令人驚呆的損失和使人復活的憐憫。你們為了這個瘋狂的夢而獻上的無數談話、眼淚和禱告，是為我們保存到永恆的財富。從我對上帝的最深察覺中，我要感謝你們。

李（Ron Lee）

身為我的編輯，你有如明智的父親，以先見的聲音領導。我十分感激你的幽默感和持續的幫忙。

鮑爾（Matt Baugher）

身為我的代理人，以及這本書的伴讀本的另一位作者，我看著你身為領袖、作家、代理人、音樂家、朋友、丈夫和父親的高超技巧——為了上帝那麼良善，讓好像我這樣蹣跚而行的人與你合作而讚歎。

凡尼（Lisa Fann）

我完全不明白為甚麼我可以寫了《尚待揭曉》（*To Be Told*），而竟然忘記多謝你寫了《尚待揭曉（習作本）》（*To Be Told Workbook*）。有時我懷疑，我會否忘記自己在哪裏被埋沒。你仁慈的原諒，以及在我們的故事工作坊中與我一起工作，時常提醒我記起上帝的良善。

我值得稱讚的太太麗貝卡（Becky）

我的愛人，沒有人比你更叫我懷著盼望和喜樂去忍受痛苦。你對禱告和跟隨耶穌的極度熱誠，是我在地上所知，聖潔最確實和真實的同在。這些艱難和榮耀的日子，如果沒有你奇怪的歡笑和仁慈的眼淚，便不可能渡過。你帶領我到耶穌跟前的時刻，比任何人有權得到救贖的時刻更多。

目
錄

你有甚麼驚喜？

你會讀到的內容所根據的假設十分簡單，但因為某種原因，人們幾乎總是不説出這假設。而當人們**説出**這假設時，總是用過分有禮貌和過分修飾的字眼來暗示。結果人們便聽不到那暗示。

但這個假設實在太重要，我們不能妥協於櫥窗裝飾和糖衣包裝。因此這就是那難以接受的事實：**如果你是領袖，你便身處生命中的戰場**。沒有甚麼來得輕易，敵人比盟友更多，踏足的地勢不斷轉變。如果你已經嘗試過「容易」的解決方法，便已發覺它們沒有甚麼用。我知道好像這種坦白的真理從來都不容易入耳，但這是惟一會幫助你，以內在的自信領導的真理。

你需要信心，因為沒有甚麼比領導更困難。生命中沒有甚麼困難，可以與辭退一個朋友，或者告訴人們他們的工作在一段時間中是需要的，但現在僱用他們的期限已經夠了相比。我領導的研究院曾經面對法律訴訟的威脅，我的聲譽被不滿的僱員破壞到不能恢復過來。有時領導一個機構的代價，似乎和塹壕戰那緩慢、不知不覺間的損耗沒有甚麼分別。

但在領導的過程中，我曾經跌跌撞撞地進入榮耀的時刻，那些時刻來自繼續留在這競賽中，雖然表面看來很荒謬，個人也要付出驚人的代價。有時所有系統都和諧地和唱——但這卻是在多天，甚至多個星期，經過鐵磨鐵後才出現。在其他時刻，完全的失敗逼在眉睫：研究院幾乎要關閉，因為一個剛接任的州政府僱員重新解釋了一條荒謬的法例。（而事實上，她的前任曾經幫助我們取得成功。）幸而在最後一刻發出了暫緩執行令，給我們機會為自己辯護，令我們最終勝訴。

恩典。損失。幸運。艱難。得勝。有時屋子裏最差的座位就是最好的座位，而那是領導的結果。人們問了我很多次，我會否再次建立一間研究院。我說過：「永遠不會。我並不那麼憎恨自己。」雖然我不後悔，但那努力確實給我很多哀傷和破碎。結果很簡單：在極端的情況下，你不單遇到你自己；更重要的是，你遇到編寫你生命的上帝。透過領導，我認識到這最大的需要：與耶穌有深刻、個人和持久關係。即使給我今生的所有金錢、名譽、榮耀和尊貴，我也不會以這關係來交換。我懷疑對你來說也是這樣。

你可能會懷疑，自己是怎樣去到領導的位置。你可能更懷疑，自己能否在這崗位上繼續下去。你也可能掙扎著要成功，無論代價多麼大。但如果你會思想到，你慈愛的上帝的呼召是你勞苦和生命的核心，我相信這本書會引導你，進入領導裏全新和深刻的喜樂。

領導很可能是你所做的事情中代價最大的。而且領導很可能不會為你的重大犧牲帶來財富、名譽或稱讚。但如果你想愛上帝和其他人，如果你現在想為了永恆而活出自己的生命，沒有甚麼比成為領袖更好。

核心的假設

由於我們實話實説，讓我們直接來到成為這書中一切的基礎的核心假設吧：**身為領袖，你在多大程度上面對、指出和應付你的失敗，便在多大程度上創造一個環境，有助栽培和保留富生產力及委身的同事**。有時最快向上走的路是向下的；同樣，最確定的成功來自誠實對待失敗。

這肯定不是一條容易走的路，但考慮一下其他選擇吧。如果你沒有能力認錯，即時承認你將事情弄得多糟，結果會是一個令人變得更懦弱的工作場所，僱員更只向自己委身，對你和彼此都更封閉，也更具操控性。他們會為自己的利益，而不是你、機構或同事的利益著想。

領袖的品格是一個機構的士氣、能力和承擔，得到提升還是偏離中心的關鍵。認錯的事實是，它不會導致人軟弱或不尊重；相反，它轉化領袖的品格，為她贏得更大的尊重和能力。這是領導的奇怪弔詭：**你愈嘗試隱藏或掩飾自己的軟弱，你便愈需要控制你領導的人，你也會變得更沒有安全**

感，也會更沒有彈性——促使你最好的下屬最終離開。欺騙式控制那黑暗的循環，無可避免地令人們變得犬儒和不信任。因此，為你自己和你的機構做一件好事，不要走到那一步。現在預備向你的同事承認，你是機構的罪魁。

但不單是這樣。現在很多關於領導的著作都充滿自我揭示的觀念，真誠的重要性，以及承認個人弱點的需要，藉以提高可信性。對關於領導的著作的行家來說，這沒有任何新意。不過，我號召你做的，遠遠不單是承認你的缺點。我是提議你把它們完全拆解——公開並在你領導的人面前。

那挑戰

領導絕對不是在公園中散步；它是穿過黑暗的山谷的漫長步操。事實上，有人描述領導為，在打獵季節胸前掛著箭靶。危機在最不適當的時候出現，很多時是準備不好，缺乏計劃或錯誤執行的結果。你的下屬也會好像你一樣不斷將事情弄糟。是的，每個危機都涉及人，會由人管理，會由你機構裏的人解決——或加強及延長。

很少危機——更少的是你的日常決定——會是簡單的。複雜是我們這個時代的口頭禪。你做的每個決定都是跳進不可知裏，製造挑戰，要你的機構付上時間、金錢，可能甚至是士氣。別人回應領袖所作的決定而形成的事後批評，或更糟的是敵意，是很少領袖可以逃過的。衝突往往升級為攻擊和出賣——伴隨著盟友背叛你時的心痛。難怪領袖感到筋疲力盡和孤單。難怪他們懷疑，隊伍中的其他人扣起他們要作更好的決定時所需要的資料。難怪挑戰的強烈程度令很多人耗盡或放棄。

我不會天真得説，領導那漫長、黑暗的幽谷能夠單藉著學習指出自己的失敗便避免。事實上，新且有時是更艱難的挑戰，會單因為你開始承認你是機構中的罪魁而出現，**而**無論你承認或是嘗試隱藏你的缺點，正常的挑戰都會存在。但要明白，大部分領袖投資太多資本去掩藏自己對恩典的需要，這不單令下屬遠離他們，也顛覆下屬的信任，偷去本來可以用來應付繼續出現、無可避免的危機的精力和創意。或許更危險的是，隱藏失敗妨礙領袖要求和接受他們要活得好所最需要的恩典，更不要説是領導得好所最需要的。

隱藏的最壞理由

為甚麼領袖那麼少指出自己的失敗？甚麼令領袖困在被圍困的心態中，不能取得他們做更好的決定所需要的資料？我立即想到三個主要原因——恐懼、自戀和上癮。如果你確信這些都沒有影響你領導的能力，請繼續閱讀下去。你很可能會改變主意。

恐懼

大部分領袖都因恐懼而避免指出自己的失敗，而恐懼是完全可以理解的推動力。如果領袖公開承認自己往往犯錯，有很多缺點，會繼續偶然做錯，後果可以是災難性的。這樣坦率的領袖可能失去下屬的信任，客戶可能將生意給其他人，董事會可能解僱他。至少那些都是令我們保持沉默的恐懼。

但我們克服這種恐懼，承認我們個人的缺點時，實際上有甚麼事情發生？我們開始指出自己的懦弱和承認我們傾向隱藏時，有甚麼事情發生？矛盾的是，我們鼓起勇氣指出我們的恐懼時，會得到別人更大的信心和大得多的信任。

不過，面對你的恐懼仍然涉及冒險。對個人的失敗誠實，在某些環境都可以成為死亡之吻。因此如果你喜歡事實，堅持事實所表明的事，便要逃避對虛偽的狂熱和基督徒的詭計。尋求一個實行領導的新環境。如果你發現一間教會或一個機構不受制於偽裝，而可能只是未預備好承認聖經裏關於我們與罪搏鬥的教導，你便會身處一個地方，在那裏誠實有最大潛力改變潛在欺騙的文化。

自戀

我們隱藏的第二個原因是自戀。要指出我們的自戀，需要謙卑。我們太接受自己的形象，不能清楚表明我們是多麼糟。這種對自我的專注扼殺了真正的認罪。

我們最終找到方法擺脫形象和自我時，有甚麼事情發生？我們終於承認缺點和失敗時，會取得更強的個人中心（personal center）和更大的平安。多年以來，健身專家都強調「核心」力量的重要性。核心力量好像我們力量的中心，比我們腹部的肌肉深入得多。因此核心力量不是藉著做幾下或一千下仰臥起坐而得到；它是我們運動時，在多大程度上努力創造不平衡中產生。現在有一套掌上壓，其中向下時一隻手拿著一個小球，在起來時將球轉到另一隻手。不平衡要求更多核心力量，才能夠令身體回復平衡。

建立核心力量的第一套掌上壓，感覺就好像一個人站在被浪擊打的船那正在搖動的甲板上，要保持平衡。個人感到不舒適和笨拙。但隨著時間過去，不平衡的節奏增強我們的能力，找到平衡和力量的新感覺。

我們嘗試避免感到措手不及，實際上帶來更大的自我專注，以及使我們愚蠢地確信，我們可以控制世界。真正的核心力量是願意感到無助和困擾，它的結果是一個自我約束和熱誠的生命，而不是操控的生命，對可能驚人地出現的事情感到恐懼。

自戀的謊言就是，藉著將含糊的領域縮窄為簡化的視角，我們可以控制離開軌道的世界。我們選擇這個視角——一條僵化和教條主義的路，限制選擇，讓我們否認世界的複雜性。即使複雜性是無可避免，我們也這樣做，而領袖對複雜性自我封閉的話，便不會成功。只有藉著放棄教條主義，接受複雜性，領袖才可以開放自己的心，接受更大的創意，達致成功。

上癮

最後，被圍困的領袖很容易孤立自己，以沉溺於性，到酒精，到成為工作狂，這些物質和行為上上癮的弊病填滿自己的孤單。要避免這個陷阱，領袖必須指出自己的孤單和跟別人分離的傾向，然後放棄那應許填補空虛的上癮物質或行為。只有這樣，他的心才有自由接受和給予關心。結果是更健康和更有人性的人，在真實的關係中與別人有好的連繫，而且更有信心和能力，享受別人投資在自己生命中的好處。

你的每一個弱點不單是通往更好的品格的大門，也是通往領導的紅利的大門；這紅利是那麼大，以致避免必須的冒險實在愚不可及。因此要面對你的恐懼、自戀和上癮，開始享受蹣跚地領導的自由、和平及能力吧。

代價和好處

聖經提出這個關於生命的主要弔詭：如果你嘗試保存生命，你便註定會失去它。如果你放棄生命，便會找到它。[1] 無論你相信聖經還是忽略它，無論你認為它收集的是智慧還是瘋狂，你都不能否認，放棄生命藉以找到生命這弔詭中那不能反駁的邏輯。

想一想嘗試睡著吧：你愈努力嘗試要睡著，清醒的時間便愈長。或說你忘記某人的名字。搜尋你的腦袋嘗試想出那個名字，那個名字卻很少會出現。但如果你停止想它，那個名字卻往往會浮現出來。即使這些簡單例子也顯示，生命要求我們降服，以得到我們所渴求的。

領導也屬於這個範疇，而蹣跚地領導肯定要付出代價。代價涉及指出關於生命和領導、關於你自己和別人的一些十分痛苦的現實。或許在這本書中你盼望找到簡潔、不複雜的步驟，保證能夠將你的工作和個人生命改變過來。冷靜一點吧。如果生命這麼簡單，便沒有人需要關於領導的書籍了。

生命和領導絕不簡單，也不會有即時回報，或者沒有痛苦。領袖必須應付現實，而不是我們寧願有的美好幻想。

要找到生命，你便需要失去它。要增強你的效率，你需要收窄你的焦點。要在信心、連繫和成功中成長，你需要向所有人承認你是失敗者。要記得這真理所界定的成功，跟我們之前學到的成功不同，但這卻是通往身為領袖真正成功的惟一的路。

很少領袖以自信行事，並不是建基於自大這不穩固的基礎的。很少領袖認識不倚靠表現的平安。很少領袖實行不受傳統束縛的自由和創意。很少領袖有能力照顧人，非因那股衝動要去取悅別人，或屈服在「應該」的暴政下。

走一條不同的路吧。作為領導的行動，考慮一下透過面對、指出和承認自己的軟弱而放棄生命，並想像一下那些弔詭但已應許的好處。讓我們走進那現實，但我們必須記得，所有進入現實的行動都需要很大的信心。

領袖的三維蹣跚

由於領導的混亂和複雜性，沒有直截了當的圖表可以準確地透過視覺描述領導的主要挑戰，和對每一種挑戰最有效的回應。那些挑戰往往是普遍的，但解決方法卻根據領袖、機構、環境、隊伍的組成，和多種其他考慮而有不同。而且，例如一個對混亂的最好回應，在你的處境下可能最終是解決孤單或出賣的最好方法。

或許如果這些字是印在立方體而不是平面的紙張上，我會更能夠製作一個圖表，不單可以充分地呈現領導的挑戰和不同的解決方法，也可以呈現有效的方法的多種組合和配對，以應付每個挑戰。不過，按現在情況，我提議你看以下的圖表時，想像一個魔方（Rubik's Cube；編按：又稱「扭計骰」）。蹣跚的領導的過程是那麼有機，那麼弔詭，那麼多面，以致你

領導的挑戰和錯誤的回應

領導的挑戰	典型無效的回應				
	懦弱	僵化	自戀	躲藏	宿命論
危機					
複雜性					
出賣					
孤單					
消沉					

需要一個可以以多個不同組合摺疊、轉動、扭動和重新調校的圖表，藉以得到以下討論的完整意義和完全應用。

縱軸列出了領袖面對的五種普遍挑戰。正如你必須認出這些挑戰，你也必須找出你對每種挑戰的一貫回應。最常見的無效回應列在橫軸上。

典型的情況是，在面對複雜性這個困難時，領袖會訴諸僵化。這樣做時，他便收窄了可以有的選擇，藉此為自己面對的複雜性帶來秩序和理智。但這種回應，令領袖脫離了有效應付複雜性這個困難所需要的多種選擇。

雖然僵化是領袖對複雜性的典型回應，很多領袖也會以躲藏或以上列出的無效回應的不同組合作為回應。再看看這個圖表，細想一下領導的五個挑戰。你思想每個挑戰時，衡量和留意自己傾向怎樣自動回應它們。

領導的挑戰和有效的回應

領導的挑戰	有效解決方法的選擇				
	勇氣	深度	感激	開放	盼望
危機					
複雜性					
出賣					
孤單					
消沉					

同樣，縱軸列出每個領袖都面對的挑戰。現在思想每個挑戰時，看一看需要的有效回應（在橫軸列出）。

典型的情況是，面對複雜性時，領袖需要避免僵化（參上一頁的圖表），選擇深度。同時，也可能需要其他有效的回應。例如：要有效應付複雜性，領袖可以運用勇氣或盼望配合深度。

你閱讀以下各章時，請經常參考這兩個圖表。也要思想最有效回應領導的五個挑戰所需要的性格傾向。

註　釋：

1. 參馬可福音八章 35 節。

第一章

領導的自白

逃跑是惟一明智的回應

我不撫摸流浪狗。我六歲時被狗咬傷手。我記得自己看著這隻毛髮整齊的柯利牧羊犬，從鄰居的前院跑出來歡迎我。牠優雅、毫不費勁的行動令我著迷。我伸出手，在一剎那間由喜愛狗的人變成手和內心都受了傷的孩子。自從那天開始，我再沒有完全信任外來的狗隻。我有狗留下的傷痕——成了一個對人類最好的朋友抱有懷疑，但仍然開放的男孩。

我對稱為牧師的領袖也抱同一個取向。我很少擁抱陌生或甚至熟悉的牧師。這是在我二十六歲被咬傷後的情況。當時我是一間地方教會地位低微的實習同工，每星期事奉賺到五十大元，那些事奉包括帶領一個查經班，探訪會友，以及帶主任牧師的狗去散步。我與那位牧師一起工作超過一年，我從神學院畢業後，便回去那裏擔任助理牧師。

主任牧師和我經常一起打網球。一天下午打完球後，我們坐下來談論一些他想我在來年處理的事情。他是我的導師，我是他聰明的門徒。可是同樣真實的是，雖然我在一間很好的神學院畢業，但我只是個成熟的街童，僅僅避過死亡、監獄和因為吸毒而引致的嚴重腦部損傷，我對宗教建制的事務是怎樣運作也不甚了了。教會對我來說就好像青年聯盟（Junior League；編按：美國一服務社會的婦女組織）那樣陌生。

我因為從這個人和他的教會得到一份工作和將來，而感激得不能用言語表達。我們在五時離開網球場，在六時再參加長老的會議。開會一個小時後，主任牧師對教會的領袖說：「我決定最好讓丹（Dan；譯按：即本書作者）與教會分道揚鑣。」他沒有提出任何解釋。那是乾脆、明白的咬傷。幾位長老覺得這個決定很突然，也沒有經過必要的審查，因此我保住了工作十八個月。但災禍將臨。

領袖是危險的。他們可以無故發怒咬傷別人，或者至少是沒有邏輯；最好遠離他們，否則你便要應付後果。領袖可以顯得變幻莫測、冷漠、自戀和自私。我不想和他們的世界有甚麼關係，因此我離開教會政治的複雜世界，以及領導的混戰文化，去攻讀我的博士學位。但我不能逃避政治衝突。

學術領域涉及的政治，與初期劫掠部落的部族戰爭相似。它完全是關乎忠誠——向標誌你羣體為獨一無二的服飾、旗幟和信念效忠。如果你可以好好地揮舞戰斧或劍，說部族的語言，你的地位便可以穩固，直到死時。這稱為任期。我進入部族，深信自己有生之年都不會再帶領任何小組、羣體、教會、學校或體育隊伍。事實上，成為學術圈中人的其中一大好處，是人們期望我對行政當局提出投訴，但我除了教學外又毋須負上任何領導的責任。

許多年以後，六個同事和我掙扎著是否為我們在西雅圖（Seattle）偶然建立的研究院申請學歷評審。我們不知如何是好：容許我們作分校的大學不再要我們。如果我們選擇解散，便要面對羞辱，也可能要面對學校因為不能實現頒發學位的承諾，而引起的法律訴訟。我們決定申請學歷評審。申請需要有院長簽名——我們從沒有討論過院長這個職位。我們真的不認為我們需要院長，因為我們計劃以沒有階級的同仁團體來運作，沒有主要、作決策的人物。我們會是一個羣體，不是一個機構。

當需要院長簽署申請書時，房間中所有人都低下頭，包括我在內。為此過了令人不自在的半分鐘，然後我抬起頭。有人留意到我的動作，然後說：「你是最年長和最著名的人。」我說：「好吧。但你們都知道我不是真正的院長。」每個人都笑起來。那好像在耳邊喊叫那麼清楚：我會接受那銜頭，我們一起分享權力和分擔責任。

在互相衝突的期望、受傷的感情、不道德和——感謝上帝——董事會介入，開始一再指出我們的失敗，要求我們成為有領袖的機構之下，沒有階級的同仁羣體這個夢想破滅。我們在這個過程中已經六年，我仍然是院長。我不配擔任這個職位。或許這正是他們仍然要求我出任這個職位的其中一個原因。

其他領袖令我鄙視的一切，我都在我們的機構中重複做了。很多次，我都在未收集到足夠資料前，便因為慌張而輕率地行動。另有很多次，我完全沒行動。如果我在一個情況下行動得太緩慢，在下一個情況我則似乎行動得太快。領導好像在賭場玩吃角子老虎機一樣。你將最好的資產放進機器中，拉把手，看著滾筒轉動，卻甚麼也沒有。問題仍然是：我做錯了甚麼？

我的同事和我經歷了很大的心痛和巨大的轉變。我們仍然在深刻的改變中，有時我懷疑自己能否生存下去，再次看到日出。昨晚，我在深夜做帶氧運動，直到凌晨三時許。我擔心，禱告，想到個人問題，財政，將來聘請人手的事，研究院在社區中的名聲，院系中的張力，以及很多其他好像飛蛾撲火一樣擊中我思想的問題。

毫無疑問，每個領袖都感到那持續和長期的、各種阻礙的重壓，但吃掉我們的午餐的，不是一個問題或甚至一整套問題；而是每個問題都要求一個不甚能夠解決問題的回應。那回應只是製造多個新問題。好像野草一樣的問題似乎有塞滿無數種子的豆莢，在被拉開的一刻播下，這些種子會帶來很多新的野草。如果那問題並非困難得不能吞下，真正的問題則更個人——與領袖必須作出的決定和選擇有關，而且是單獨作出的。

很少決定是簡單的。事實上，簡單的決定應稱為選擇。我想現在吃東西還是等太太回家才吃？西雅圖下了一尺雪時，我們是否取消上課？我們每天都作出選擇，毋須怎樣思想，沒有多少後果，不大需要反思或輔導便完成。領袖每天都作出選擇，但他們肩頭上的真正壓力在於需要作**決定**。

而決定總是不容易的。作決定要求死亡，向一千個選擇死，擱置大量可能，藉以只選擇一個。決定（De-*cide*）、殺人（Homo-*cide*）、自殺（Sui-*cide*）、弒父（Patri-*cide*）。那個詞根 *decidere* 表示「割離」。所有決定都將我們割離，在我們只選擇一條路時，將我們跟幾乎無限的選擇分開。每個選擇都令我們贏得某些人讚賞，也招來另一些人的反感。

例如財政預算的決定，很少涉及平均分配我們稱為金錢的有限資源。開始上大學的孩子，可能需要家庭中可以運用的收入的最大部分。結果其他家人不能在暑假到山上度假。那決定給一個人好處，但卻沒有顧及其他人。

有時好的領袖會令所有人失望。領導要求人願意得不到別人喜歡，實際上更是願意被人憎恨。但要領導懷疑或憎恨你的人卻是不可能的。因此那不斷的角力，是作出不會冒犯最大多數人的決定，然後依附那些在機構中最有權力維持你的名譽地位的人。

領導不是關乎問題和決定；它是十分講求關係的事業，嘗試推動人們朝一個異象走，是需要每個人都有重大的改變和冒險的。各種決定，只是領袖和追隨者藉以去到救贖之地的大門。

逃跑是惟一明智的回應

從來到馬斯希爾的學生口中，我經常聽到兩種故事。一組學生會說：「我不想來這裏。我本來在華盛頓（Washington DC）／波特蘭（Portland）／夏洛特（Charlotte）／芝加哥（Chicago）工作。我喜歡我的工作，我的教會，和我的朋友。但在幾個月之間，我的生命出現了翻天覆地的改變，就好像上帝使我轉身，要我向西走。我現在在這裏，也不大知道為甚麼。但我在這裏，我感到這是我要到的地方。」

另一組學生說：「我知道我想到這裏學習。我從一本書／一個研討會／一個學生那裏聽到這間研究院。多年以來我都想來這裏。但自從我來了後，我感到自己正經歷信心危機。我不知道自己是否真的應該這樣做。我感到害怕，我覺得想來這裏也是瘋狂的。」

懷疑是降服的背景。而逃跑則是順服的路。我們不願意領導，懷疑自己和我們的呼召時，便適合成長成為領袖。同樣，我們聽到領導的呼召，但卻朝相反方向跑時，上帝有方法將我們從船上拋下海，讓一條大魚將我們吞下，並將我們吐到我們要服事的岸上。如果情況不是那麼嚴重，便會令人十分高興。上帝邀請我們逃跑，還知道祂會在我們到達之前，去到我們逃跑去的地方，讓祂可以再次指示我們的路。

或許你懷疑這是否真實。或者更可能的是，你希望它對你來說會不同。但聖經的資料似乎更傾向支持這個假設。上帝似乎選擇不想服事的領袖，而他們跟從上帝的呼召時，往往是以製造新混亂的方式去跟從。想一想那三位族長：亞伯拉罕說謊和懦弱。以撒是三人中麻煩最少的，被迫活在父親用刀指著自己喉嚨的記憶中，後來又容許太太操控整個家。雅各是那麼喜歡操控別人和謀求私利，就好像《花生漫畫》（*Peanuts*）中的乒乓（Pigpen），無論到哪裏都揚起混亂的泥塵。

或者想一想摩西。在一次荒謬的相遇中，上帝從燃燒的荊棘中向他說話。摩西脫去鞋子，明白那地方是聖地，但他事後批評上帝要他回埃及解救同胞的命令。（摩西肯定想起自己第一次嘗試解救奴隸的努力——犯了謀殺罪，令他要流亡四十年。）摩西努力說服上帝不要差遣他，令上帝提出第二個計劃，涉及他那更能言善道的哥哥亞倫。這不是我們預期摩西或上帝會有的行為。它似乎更接近來自蒙提派森（Monty Python；譯按：電視喜劇劇作組合）而不是《賓虛》（*Ben Hur*）的對白。[1]

上帝習慣呼召不情願的領袖，祂這個習慣變得更古怪。祂呼召年青的耶利米，這個男孩當時只有十八歲。耶利米三度抗拒，得到上帝應許會保護他。故事展開時，我們看到耶利米如果明智的話，應該堅持要上帝界定甚麼是**保護**，然後細閱那些保留條款。他一生都有無盡的苦難，他所缺少的，是大部分理智的人會稱為的保護。

然後是約拿。

約拿是逃避領導這呼召的世界級例子。他乘船逃跑，被拋到大海那深深的混亂裏，被好像魚的計程車吞下，將他吐到他努力嘗試逃避的那個地方的岸上。[2] 這同樣是一個怪誕的故事，令我們為領導投入作正式、學術上的準備，顯得好像是從月球黑暗那邊發明出來的。

上帝呼召的那種人，以及他們對呼召那不情願的回應，並不是我們對專業領袖的期望。我們期望領袖渴望和忠心地實行他們的任務。畢竟他們是受過訓練的專業人士。

有瑕疵的正式訓練過程

領袖——世俗或宗教的——的訓練過程通常可以分為三方面：內容、技巧和道德／品格。在我就讀的神學院，課程的百分之九十都花在內容上，百分之十專注於技巧，我們的品格及道德，或者我們與別人的關係，從沒有得到處理，除了禮拜堂的幾次演講外。神學院假設我們的為人和我們怎樣與別人交往，在我們去神學院前已經處理了。

人們認為教會而不是神學院，才是讓個人成長的地方。神學院訓練男女，聖經、神學、教會歷史和其他學術科目，然後教那些將會牧會的人怎樣講道，在教會應該有怎樣的行為。人們假設實際技巧應該在課堂和實習經驗中學習。我們都知道，重要的是我們在作業和測驗中的表現。

不過，在二十世紀後期，神學院開始承認學生需要多很多東西。因此曾經或仍然在牧職的「現實世界」的實踐神學教授，他們教授課程，偶爾帶領學生進入戰壕。但焦點仍然大約是百分之八十在內容上，百分之十五在技巧上，只有百分之五在道德／品格上，再加上一個關於靈命塑造的課程。

奇怪的是，很多工商管理碩士課程和其他領導課程也是這樣。最重要是內容。不過，相比大部分神學院，在工商管理碩士課程裏，技巧與課程的連繫更緊密。但品格同樣遭到忽略。然而隨著更多商業上的不誠實和非法行為發生，並為公眾所知道，出現了引入道德的呼聲。世俗世界也更快將心理學和它的產物納入課程。大部分工商管理碩士畢業生都學習過自己工作性格的人格分類和資料。在商業世界受過訓練或曾作教導的人告訴我，現在課程的比例很可能是百分之六十五是內容，百分之三十是技巧，百分之五是道德。

請留意那個模式：教導理論和技巧，並希望品格和道德的問題會自行處理。其中的假設是父母已經處理了孩子的品格問題，或者教會、會堂或其他宗教機構會負責模塑道德和個人價值觀。學術是負責內容和實際技巧。這是個問題，因為我們在學術圈的人沒有處理那種推動很多領袖的自戀。我們讓受困擾和具操控性的男女吞吃他們的同事、他們的下屬，和他們的會眾，只是因為他們通過了考試，寫了論文，取得學位，得到稱為專業人士所需要的資格。

另一個選擇：上帝的要求

我們對於準牧者、集團的財務總監或甚至國家立法機構的代表，應該有甚麼要求？我將會寫的事情是荒謬的。它在公共和世俗的領域都不會發生。它在以信仰為基礎的環境下可能會發生，但卻絕對不是常態。但它是聖經中大部分上帝的領袖提供的模式。

我們應該祝福那些盡最大努力去逃避領導，但又被迫回來，將手放在舵上的男女。我們應該期望每個留在正式領導環境中的人，經歷一再的逃跑、懷疑、降服和回歸。為甚麼這是上帝的計劃？為甚麼上帝喜歡不情願的領袖？這是其中一個理由：不情願的領袖不容易受到權力、驕傲或野心誘惑。

權力

領袖無可避免地會運用自己的權力，或者限制別人的權力，令事情發生。機構中權力的種類和人的種類一樣多，但有兩種是最常見的：工具權力和影響權力。想一想一個家庭。母親和父親有工具權力控制金錢和家庭的日程表，所以他們計劃一家人度假。但脾氣暴躁和情緒化的第二個孩子卻有影響權力破壞假期。

機構中有工具權力者，是可以僱用和辭退人員、定預算、決定優先次序、評估表現和獎勵成功的人。影響權力可能掌握在系內一個著名的人、一個出色的軟件設計師，或者辭了職但仍然留在教會的牧師手中。我們必須知道誰有權力決定機構的方向和基調。

不情願的領袖對那些致力累積和儲存權力的人十分懷

疑。敬虔的領袖都是不情願的，其中一個原因是他們往往看見權力被人誤用來建立個人王國。我有幾個在教育界的朋友，他們都被一個霸道的校監毀了。這個人首先在校董會清除強而有力的聲音，然後以對教育過程沒有經驗、唯唯諾諾的人填補。之後她開除質疑她權威的校長。在一次激烈的講話中，她向一個校長呼喊：「我不會容忍違抗命令的事。你不能再當眾向我喊叫或侮辱我。」之前的交談是激烈的，但會議中的其他人都不覺得校監受到不好的對待。

這個女人應付校區數百萬元債務的方法，是削減質疑她的人的課程和職位，給那少數保護和推進她的王國的人獎勵。那些受害的教師甚麼也不能做。校監以行政人員的修辭掩飾自己的暴行。她排斥所有批評者，認為他們是壞人。由於她獨裁的統治，十分有資格的教師和行政人員——那些不是被迫走的人——都逃離這艘正在下沉的船。

不情願的領袖不追求擁有權力；事實上，他們熱切地放棄權力。他們即使運用權力創造環境，讓權力可以公平、明智和有制衡地運用時，也嘗試這樣做。不情願的領袖不儲存權力，因為這樣做會製造更多壓力和要求。權力好像很重的金磚。它不能放在個人的錢包內；無論個人去到哪裏，都必須刺眼地帶著它。它引起別人的妒忌，很多人都想得到它。不情願的領袖藉著給別人力量，為機構帶來他們的遠象、熱誠和恩賜，從而解除權力的毒素。她創造一個環境，供開放的辯論，尊重不同，任何人都毋須害怕遭受報復。

在不情願的領袖的領導取向中，放棄權力是個祝福，監控權力得到忠心運用是個呼召。

驕傲

不情願的領袖不大可能落入驕傲的聚光燈中。驕傲是一種扭曲的崇拜形式。驕傲沉醉在自己榮耀的光中，為自己的良善心存感激，視之為從裏面而生的。不過，驕傲的人在自我評估中似乎從來都沒有安全感：他們需要一個羣體將他們的榮耀偶像化。

自我榮耀驅使驕傲的領袖提醒別人，他們認識誰，以及讀過和寫過甚麼，還有他們取得甚麼學位和創造了甚麼計劃。這種領袖很少犯錯，而且總是知道得很清楚。驕傲是有吸力的漩渦，好像吸血鬼一樣，將別人的良善和榮耀吸進自己裏面。

這種驕傲是會傳染的。有一個由驕傲推動的靈魂在場，會令其他人渴求更多權力。就好像你有一部福特（Ford）汽車，卻身處一羣平治（Mercedeses）、保時捷（Porsches）和賓利（Bentleys）汽車中間。本來似乎是良好的汽車，現在也不再令人感到足夠。同樣，有自誇的領袖在場，會引來一個機遇的虛浮世界。追隨者嘗試盡一切努力，維持個人的高資本，又要避免與自戀的領袖交鋒的危險。這種傳染幾乎是不可能避免的。惟一出路是逃命。

而不情願的領袖是曾經逃命的人。他知道自己懦弱和愚蠢。他已經嘗試避開，但卻被逮著。他擅離職守，但卻沒有接受軍事法庭審訊，反而得到升遷。我們怎樣理解這荒謬？因此不情願的領袖對自己的能力或自己勞苦的結果，都沒有深刻印象，這也不令人奇怪。這種質素，就是保羅強調上帝呼召作領袖的人所擁有的。他說：「上帝卻揀選了世上愚拙的，叫有智慧的羞愧；又揀選了世上軟弱的，叫那強壯的羞愧。」[3] 為甚麼？因為這種揀選過程澄清了誰配得榮耀，誰只因為是上帝故事的一部分而要心存感激。

不情願的領袖以上帝的愚拙誇口。正是這種明智的謎，為聖經中的領導那獨特的標記定下基調。事情進展順利時，我們不會說：「那全因為上帝。祂得到稱讚。我只是被祂使用。」這有部分是真的，但不完全是真的。我們可以更正確地說：「我有一個偉大的意念，好像瘋狂一般工作。但如果由我自己做，會製造一個惡夢。上帝將良好、清潔的骨頭變成會跳動的肉體。」事實是我頗為聰明，也很努力工作，但我創造的良善，就好像我身體的氣息一樣，是恩賜。我可以為自己的思想，或我為要取得博士學位而忍受那極大沉悶的能力，給自己一丁點兒功勞嗎？

不情願的領袖知道，呼召她去領導是荒謬的，但對於上帝決定呼召軟弱的蠢人領導別人，她接受這崇高的榮耀。結果，不情願的領袖在看到渴求權力的領袖充滿野心地製造更多和保存更多時，不禁莞爾一笑。

野心

有野心的領袖不斷地要做更多，要建立更大的機構，要吸引更多注意。當然，建立更大的東西的原因，總是為了為目標帶來更多好處。如果我們有更多職員，更多廣播時間和更多金錢，我們便可以服事更多人。但永遠都不會足夠。

不過，我們應該明白，野心這個問題主要不是關乎大小。有機構有數以千計的職員，但卻不是由野心推動。相反，我遇過一些只有兩個人的機構，它們的領袖充滿要發展的熱誠。野心的標記是熱切地想要更大、更好和更多的——無論對人或過程會帶來甚麼代價。目的支持手段，因為耗盡比生鏽好。

有野心的領袖高唱遠象，並把弄代價。他們不承認從 A 點到 B 點必須犧牲甚麼，而是頌揚那需要和那死亡行軍的好處。有野心的領袖鬍子刮得精光，髮型時尚，制服筆挺。他以軍操為自己的配樂，如果有任何人質疑計劃的時機或智慧，便會被視為死硬派或叛徒。

但不情願的領袖卻不是這樣。他更像厭倦了戰爭的軍士長，訓練了很多剛剛於西點（West Point）軍校畢業的學生，教導他們那門專業的事實。不情願的領袖參加過戰爭，知道幾乎沒有甚麼理由可以支持派男女去受害。不情願的領袖知道，或許一百場仗中有一場是為了公義的理由而戰，因此他不會陷入要更大和更好的喧鬧之中。他拒絕說謊令別人加入為更大的好處服務。如果需要興建新建築物或建立新計劃，不情願的領袖努力減低成本至構成的部分，尋找每個可能的方法運用空間或修訂現存計劃。

不情願的領袖不尋求豪華或寬敞的辦公室，她也不投資建立王國。要找出有野心、想建立王國的人的其中一個方法，是她拒絕計劃交棒。有無數可怕的故事，講述基督教機構的領袖直到晚年仍然緊抓著權力。這樣拒絕預先計劃交接，令機構不能在較低層培養高能力的領袖。同時，最高級的行政人員開始視每個潛在的領袖為敵人或威脅。

或許與沒有計劃同樣具破壞性的，是有野心建立王國的人渴望自己的兒子繼承自己的王位。兒子很少可以與父親相比，結果機構餘下空殼。特別例外的是，例如佈道家葛培理（Billy Graham）的兒子葛福臨（Franklin Graham）。但值得注意的失敗實在太明顯和太多，不能盡錄。

不情願的領袖不單給別人榮譽。看到別人發掘出自己的潛質，超越自己最大的夢，能夠令她真的感到快樂。每個好教師都希望有學生超越他們，將他們的工作推前一步。被超越是他們的理想。被取代是他們的目標，並非表示失敗。

這些是不情願的領導那鐵一般的現實。這個呼召既荒謬，又違反直覺和矛盾。惟一理智的回應是盡力盡快朝相反方向跑。如果你真的能夠逃到更私人和安靜的生存環境，便要視它為上帝仁慈的祝福。祂決定不用你經歷領導——這代價昂貴的經驗。

但還有另一個可能。如果上帝是真實的，祂介入你的生命，想你成為領袖，祂會將你迫入死角，指示你回去要活出那美善。因此如果上帝捕捉你，便要停止奔跑，計算代價，並且領導。愈熱切地嘗試逃跑，但卻被上帝迫入死角，在領導中服事的領袖，愈清楚明白她的服事是揭露她的軟弱，顯示上帝的良善。上帝的設計是使用不情願的僕人來帶出榮耀。

註　釋：

1. 關於摩西努力嘗試説服上帝放棄計劃的例子，參出埃及記三章 11 節，四章 1、10、13 節。
2. 參約拿書二章 10 節至三章 2 節。
3. 哥林多前書一章 27 節。

第二章

誰是領袖？

為甚麼需要先計算代價

領袖是任何有人跟隨的人。如果任何人向你尋求智慧、輔導或指示，你便是領袖。如果有個小女孩看著你說：「媽媽」，你就是領袖。如果你面前有十四個精力充沛的男孩拿著鋁質武器，喊叫著說他們想最先打中少年棒球（T-ball）架上的橡膠球，你就是領袖。

只要一個小孩用細小、有時顫抖的手抓著你的手指，便代表你是領袖。從你的孩子出生到你離開這個地上那天，你身為父母會一直作出模塑生命的決定。當然，不單父母以這種能力和影響來領導。代表別人與不確定的將來搏鬥的**任何**人——運用自己的恩賜、才能和技巧影響別人的方向，以帶來更大好處的任何人——都是領袖。

沒有人只是跟隨者。例如：如果你是上帝的跟隨者，你便蒙召領導。每個信徒都蒙召幫助別人成熟——這就是領袖的呼召的核心。

很多以正式身分領導的人，都不大知道自己怎樣來到現在的位置。被放在領導的地位，也似是偶然發生的事。我們有唱歌的天份，在某個時候，我們發覺自己在領導一個合唱團。或者我們喜歡機械，一天醒來，發覺自己管理著十五個初級工程師。大部分牧者進入事奉，是因為渴望教導，但卻花上大部分時間和精力做行政工作，嘗試解決人事糾紛和作出不可能的決定。發覺自己在領導，可能是經典的上鈎調包的最常見情況。我們出於快樂和渴望而開始一個追求——無論是生意或藝術或事奉，然後在眨眼兩次前，我們便在領導。那不是我們大部分人打算要做的事，結果我們很少人在進入領導前先計算代價。

這樣意外地當上領袖的人，很少敢稱自己為領袖。這似乎太自大或太危險。但如果你在機構的最高層——或者至少高至需要一個正式的銜頭——你便是領袖。其他人只是盡他們的本份。但如果你拒絕承認領袖這個角色和呼召，你也會拒絕面對你呼召的責任、代價和喜樂。

關於領袖，我們真正相信甚麼

我們認為領袖有正式的職位，影響教會或機構的模樣和方向。被問及甚麼令領袖能夠領導時，我們經常使用好像**權威**、**權力**、**信心**或**魅力**等詞語。領袖有權力，令他高過其他人，給他權利作決定，模塑機構運作的方式。

但熟悉領導的人都知道，好的領袖並不倚賴權力；他們不將自己的意願作為命令強加給羣體。相反，運用權威的過程遠為複雜——更多共識和互動。但一切無關重要的事情都被除去，羣體討論，接受意見和反饋的過程結束後，必須有人作決定。領導總會要求一個人站得最接近邊緣，說：「讓我們跳吧。」

如果我們誠實的話，我們會承認，我們希望這個人是專業人士，是專家。我們希望這個人和我們不同（讓我們可以倚靠他），但又相似得足以和我們有一樣的價值觀和視角。我們對領袖至少是有點矛盾情緒。

思考一下我們要求甚麼。首先，領袖的外表必須吸引。如果這顯得膚淺和愚蠢，那麼你是沒有留意有關外表怎樣影響別人對我們的意見的研究。一個被視為有吸引力的治療師的可靠性，是沒有吸引力的治療師的三倍。人們會認為外表有吸引力的傳播界工作者，比外表平凡的傳播界工作者更有學識和更真誠，即使兩人的表現完全一樣。

我們也假設領袖是口齒伶俐的演説家，能夠牢牢地駕馭聽眾。實話實説的平凡演説家並不足夠。我們假設值得跟隨的領袖有一種神氣、一種魅力，令她能夠承擔領導的任務，但當然，她又不要傲慢或高高在上一般。

我們尋找受過良好教育、開放、誠懇、謙卑、優秀的人作領袖，他們能夠靠自己的力量向上爬，永遠不會忘記自己卑微的開始，也不會忘記他們代表的人的價值觀和信念。

我們期望領袖作出艱難的決定——如果需要的話，辭退自己的好友，或者派部隊到危險的地區——但我們又想他們為憂傷的故事落淚，在母親節流露豐富的感情。我們所想要的，是個幻象，我們也知道。我們寧願要幻象，因為我們十分需要在自己和現實之間有一個緩衝。豎立一個領袖成為我們偉大的爸爸，我們明亮和閃耀的武士，我們完美的媽媽，會在半夜起來，抱著我們，直至我們感到安全；這令領導成為惡夢，我們將它加諸少數人身上，並安慰自己說，我們沒有合適的質素擔當這角色。

我們只是跟隨者，決定在甚麼時候推翻我們不完美的領袖。我們可以走出教會，向朋友抱怨又一堂講道不符合水準。在鄰鎮一間我曾到訪的教會，我聽到一個男人說：「我不明白為甚麼他需要將一切通俗化，去嘗試接觸最不成熟的人。」這種公開的攻擊令我震驚。在喝咖啡時我又聽到另一個聖徒說：「我們的牧師覺得需要將他的講道弄成十分複雜的神學。我只希望他將食物放低一點，讓我們可以拿到。」

我想為那間教會的牧師呼喊。每星期他踏上講臺時，一隻手臂和一條腿都綁了一條繩，或許頸上也圍了一條繩。他開始講道時，他羣體中的人圍著某條繩開始用力拉。到了這位牧師完成半小時講道後，他已經被肢解，但仍然必須在崇拜結束時與會友打招呼。我們要求領袖完美——或者至少比我們完美得多——我們又保留權利將他們剔除得一乾二淨，好像兀鷲耐心等待受傷的野獸停止抽動一樣。

有哪個精神健全的人會想當領袖？誰會承認上帝呼召**我們每個人**去領導？那困境是：上帝**確實**呼召我們每個人去領導。領袖是任何受推動，去影響別人為了好處而處理一個困難或機會的人。我們和幾位朋友一起鼓勵鄰居參與物品回收再用時，我們是在領導。如果我們受到感動，要令別人留意兒童被賣為性奴隸，我們便是領袖。如果我們教查經班或成為幼兒園工作者，我們是在領導。我們領導的環境有多卑微從來都不是問題。如果有人跟隨我們，倚賴我們的智慧、指引、視角或決定，我們便必須接受我們的呼召，並實行領導。

計算領導的代價

為甚麼我們那麼不情願去領導？為甚麼那麼多領袖放棄？或者如果他們繼續自己的崗位，為甚麼那麼多人之後領導時的熱情和喜樂，遠遠不及開始的時候？同樣，弔詭進入故事。為了重尋領導的熱情和喜樂，我們必須走過死蔭的幽谷，指出領導的代價。無論你是牧師、主席或父母；看門人、工廠工人或農夫；青少年領袖、崇拜領袖或查經組長；這都是真實的。

每個領袖都必須計算領導的代價，那代價包括六個現實：危機、複雜性、出賣、孤單、消沉和榮耀。沒有人可以逃避幽谷中的這些曲折。

危機

領導是在荒蕪那邊走。如果我們毋須應付人或困難，領導便是輕鬆容易的事情。相反，帶領汽車經銷代理權、教會或神學院是關於朝一個目標走，並在不確定中，人們可能會也可能不會在緊急關頭平安度過時，以有限資源面對重大障礙。領導是關乎我們會否在危機的極端中成長成熟。

危機是爆發出混亂，破壞美麗一天的大暴雨。我們想有和風，並安全地從港口去到前面的目的地。我們可以取得良好的天氣預報，預備船隻應付每個可能出現的困難，但正如太陽一定會升起，潮水一定會改變，無秩序一定會出現一樣，很少計劃會好像我們設計那樣進行。我們不能為所有可能發生的事情作計劃，也不能在生命那陌生的水域航行時，擁有需要知道的所有知識。

危機不是撞向行人路，令我們更緊握著方向盤；它是我們帶著所擁有的一切前進時撞到的牆壁——它令我們心想自己怎樣可以存活。危機是提供機會和成長的環境，但它也將我們帶到邊緣，在那裏有些人不能夠生存。以為我們記得那些較遲完成的人是愚蠢的。贏得分區比賽，然後又贏了聯會冠軍的全國足球聯賽（NFL）球隊，有成功的一季。但一旦超級碗（Super Bowl）結束，很少人（除了那些支持落敗球隊的人）會記得亞軍誰屬。冠軍球隊的教練可以保住飯碗；落敗球隊的教練往往被辭退。

危機提醒我們，我們基本上不能控制一切。事實上，我們倚賴恩典，很多人和環境，而這些都不受我們控制，我們也倚賴在嘗試預測那不可知（這本身是不可能的事）時所流的汗水。

我們也有競爭者，他們不斷致力取代我們。我們也有敵人，他們不單想取代我們，更想消滅我們。我們有身處高位的敵人，他們執政和掌權，想對我們造成巨大的傷害。我們活在受困擾的宇宙，它每天好像臨盆的婦人一樣呻吟，與我們分享這個星球的人，在最佳狀態下仍然混合了榮耀和陰暗。我們都要應付一個有限、墮落、不可測的世界，它傾向腐敗，必定朝一個最終、災難性的危機移動。身為領袖，我們每天都活在災難的邊緣。

複雜性

彷彿危機還不足夠，所有領袖都必須應付互相競爭的價值觀、要求和視角。我們處理危機或甚至做一個頗為簡單的決定時，都被吸入一個有很多互相競爭的可能性的漩渦中。由於有充滿魅力和吸引力的領袖，一間教會有很大增長，遠遠超過它的實質承載量。主任牧師為正在增加的會眾提供無數便利，令來這間教會變得有更大好處。青少年活動變成可以媲美迪士尼世界（Disney World）的精心表演。不同年齡、有不同的特定需要和有不同病徵的人都有不同的小組。崇拜是戲劇、錄像藝術和達到納什維爾（Nashville；編按：此地稱為美國音樂之都，以鄉村音樂著名）水準的專業音樂組成的盛宴。教會高速增長。

但在增長和成功這外表的特徵後面，有一連串不可能的決定。你要花錢額外聘請職員，還是興建新建築物？你要將教會分開，建立獨立的分堂，還是將動力集中在一個地方，根據好像山姆俱樂部（Sam's Club；編按：為美國一會員制連鎖店）這種規模的哲學運作？這樣的決定超越建立使命和異象宣言，以及界定運作目標這些實用的層面。總是存在更大的問題：甚麼才是要做的正確事情？而如果問題不是對錯分明，明顯有好壞之分的話，決定完全是相對和隨意的嗎？

個人事情又怎樣？你會忍受多少失敗才辭退一個職員？一個機構可以採取天衣無縫的人事政策和程序，但仍然面對會考驗所羅門的智慧的決定。教會、教會機構和非牟利機構的標準做法，是繼續僱用表現不及要求那樣好的僱員。而在任何剛成立的機構裏，一些於開始時不可或缺的僱員，在機構發展的下一個階段可能不適宜留任。但誰會說出來？誰會定下標準，評估生產，訓練較弱的人，然後最終決定升他們職還是辭退他們？

在集團或機構——由獨特的使命和異象引導，面對互相競爭的要求和需要——的環境中根據聖經的原則運作，就好像在球快要落在輪盤上時將球拿起。領袖以最佳的智慧和很多思想及禱告來作決定。而那決定往往帶來下一個危機。

出賣

如果你領導，你最終會與猶大或彼得一起服事。某種形式的出賣是確定的，好像太陽從東邊升起，在西邊落下那樣。出賣是無可避免的，這個事實令經歷出賣痛苦得多。那就好像看著十個和你一起在委員會服務的人，想到：**誰會記下我的話，將它浸在火水中，嘗試燒毀我的聲譽？**

妄想症？或許是吧。但耶穌忍受敵人和密友的出賣。一個拒絕悔改，帶著羞恥和憤怒進入墳墓。另一個認罪，重新得到歡迎，受指示去以自己從耶穌得到的饒恕之愛來餵自己的弟兄。無論哪個情況，開始時那傷害都一樣，即使有認罪及和解，那疤痕仍然存在。

大衞以十分深刻的話寫出被出賣的痛苦：

原來不是仇敵辱罵我，
若是仇敵，還可忍耐；
也不是恨我的人向我狂大，
若是恨我的人就必躲避他。
不料是你；你原與我平等，
是我的同伴，是我知己的朋友！
我們素常彼此談論，以為甘甜；
我們與羣眾在上帝的殿中同行。[1]

在失去關係和喜樂以外，是因為朋友變成死敵的恐懼。被出賣的人記起過去甜蜜的友誼時，心裏永遠都會感到撕裂；想到將來時，不能不懷疑下一個彎會有甚麼事情發生。出賣在過去留下印記，也玷污將來。一旦出賣事件發生，幾乎不可能避免自我懷疑和自我責備：**為甚麼我看不到它發生？我做了甚麼，應該承受這種事？我可以做甚麼將一切弄妥？為甚麼事情變得愈來愈糟？為甚麼這個人不相信我不想傷害他？我好像這個人所說那樣差嗎？**

出賣總會帶來對事實的扭曲。出賣者扭曲事實，以取得權力或地位，同時貶低他的敵人或前度朋友。受害人經歷的部分無助是無力修補那破壞，將紀錄弄妥。任何嘗試這樣做的努力看來都是防衛；而未能作出防衛則顯得軟弱。這是十分厲害的束縛，令人感到十分像在串肉棒末端用力扭一樣。

即使出賣並不深刻，它仍然會帶來傷害，而我們往往沒有考慮到，每天很多的出賣那不斷增強的危害。對一個牧者來說，那是一對夫婦在投入了五年後離開教會。牧者問他們為甚麼離開時，他們吞吞吐吐地說：「唔，講道不像以前那樣感動我們。我們真的需要去更能夠餵養我們的地方。」人們告訴牧者，他們要有厚的面皮和溫柔的心。對，而矮妖精正等候就怎樣贏得抽獎給予專業的意見。

任何領袖都知道那種批評，即使那是為了提供幫助，都好像傷口上的鹽那樣令人疼痛。即使敵人的責備有時也可以是上帝的話，但它仍然刺痛和傷害我們。很多領導危機的根源都是出賣。

孤單

在華盛頓有一句老話：「如果你想要一個朋友，找一隻狗吧。」很少人可以有終生的靈友。領導令友誼更岌岌可危。畢竟，大部分有正式領導地位的人，都有權力改變另一個人的工作。我們每個人都在自己的工作上有很大的投資，很少友誼可以容忍一個人比另一個人更有權力。更甚的是，如果權力以令人感到受傷害的方式來改變一個人的工作時，工作環境中不平等的權力和權威能夠不影響友誼，實在萬中無一。

關於那些在機構中身處最高位的人，資料是頗為清楚的。你的地位愈高，友誼便愈稀有。能夠經歷無數危機和衝突的友誼，是在鐵中打造出來的。這些友誼和真正的靈友一樣，好像三萬尺高空的氧氣那麼珍貴。因此，有正式領導地位的其中一個代價是孤單。很多進入領導地位的人都是徹頭徹尾地內向的。對他們來説，孤單往往是他們喜歡的路。但即使內向的人，也渴望在個人和專業的事情上與別人連繫和交往。

領導的孤單遠遠不單是孤獨的狀態。我們特別要執行一個任務和呼召，令我們失去家庭和友誼的正常生活。這並非表示我們沒有家庭或友誼；領袖只是以不同方式參與家庭和友誼。地位的特權可以令我們進一步與別人疏遠。在那路上的日子，往往是前往那些令人嚮往的地方，似乎是可羨慕的，有時也確實是這樣。但更常見的情況是，從領袖的角度看，相比常態所具有的吸引力，那些所謂特權顯得微不足道。

孤單也襲擊領袖；在別人合法的期望無法得到滿足時，他必須接受對方無可避免地表達失望。這些批評出現，部分是因為領袖與其他人相比，總是那麼忙碌，完成的工作永遠不夠，例如回應電郵或留言。他們往往也不能出席家庭活動或朋友的聚會。領袖不單需要忍受孤單，也要忍受知道別人失望所帶來的罪疚感。將這罪疚感加上領袖必須作出的不可能的選擇，我們便很容易看到重擔怎樣將領袖分開，令他成為孤獨的人物。引導自己對抗這種批評和罪疚感是十分具誘惑力的，如果領袖沉迷其中，會進一步與別人疏離。試想一想：領袖往往是惟一為了自己的決定及其後果整晚輾轉反側的人，而兩者都會招來對個人的批評。

消沉

看一看美國總統就職時和四年或八年後的照片，你會發現他比我們衰老得快很多。很少領袖——無論他們在自己生命中留下多少餘裕——能夠經過他們的勞苦而不受影響。領導令身體受損。保羅有力和仁慈地提醒我們，行善不要喪志，因為到了時候就會看到公義結出的果子。[2] 他鼓勵我們，因為他知道照顧別人是耗費精力的；它遠遠不單令人筋疲力盡，更吸掉我們的盼望。保羅根據經驗這樣說。他寫這些話給哥林多的基督徒：

> 弟兄們，我們不要你們不曉得，我們從前在亞細亞遭遇苦難，被壓太重，力不能勝，甚至連活命的指望都絕了；自己心裏也斷定是必死的。[3]

保羅受苦到了對生命感到絕望的地步。他知道不應該放棄，但變得消沉和放棄總是近在咫尺的選擇。他知道照顧別人和為了上帝的榮耀而這樣做所要求的，比大多數凡人能夠做到的更多。尤有甚者，艱難地對付罪，帶來美麗，在長期等候要見到信心的種子發芽破土而出時堅忍——這一切都給我們的盼望加上極大壓力。

消沉實際上是關乎這核心的掙扎：不論環境和我們的限制仍然存盼望，過於關乎壓力和疲倦。在似乎沒有甚麼理由戰爭時，我們還會繼續為人禱告、夢想和打仗嗎？死亡的蒼白開始籠罩朋友或同事的婚姻時，我們會努力幫助兩夫婦和好嗎？還是我們會因為太消沉和太缺少盼望，而鼓勵他們減少損失？

保羅藉著向我們保證，我們會看見果子而鼓勵我們：終有一天我們會看見公義的收成，所有等候、每天耕耘和給幼苗的照顧都是值得的。我們會變得消沉；這是無可避免的。但在與絕望搏鬥時，我們會因為確信榮耀的盛宴就在前面而努力前進嗎？

保羅在苦難中找到喜樂，因為他看到這樣可以令他的朋友對基督的受苦有新的理解。他也知道，他給別人安慰時，那安慰便變成耶穌想他的朋友認識的安慰。保羅寫道：

> 我們既多受基督的苦楚，就靠基督多得安慰。我們受患難呢，是為叫你們得安慰，得拯救；我們得安慰呢，也是為叫你們得安慰；這安慰能叫你們忍受我們所受的那樣苦楚。我們為你們所存的盼望是確定的，因為知道你們既是同受苦楚，也必同得安慰。[4]

榮耀

我們身為領袖其中一個最大的掙扎是怎樣對待榮耀。為了自己的兒子、團隊、下屬或朋友奮鬥的領袖，都經歷過榮耀的時刻。但我們認識的最大榮耀，是看見耶穌的生命植根在一顆心裏面，看著美和公義開始生長。我們可以忍受長時間的乾旱以及那些反抗的壞日子，只要有幾刻輝煌的救贖。

但困境就在這裏：蒙召到桌前與上帝一起吃喝和跳舞並不是容易的。經歷榮耀的白袍在美的極致中閃耀，然後獲告知我們不能在那裏逗留是不容易的——實際上幾乎是不能忍受的。更糟的是，經過榮耀的時刻後，上帝通常要我們面對困難，是以我們的成熟和我們的信心程度不可能應付的。榮耀不是將我們投進輕鬆，而是將我們拋進無情的上帝手中，祂渴望我們認識更大的榮耀。

那過程就好像被稱為吃角子老虎機的獨臂強盜誘騙一樣。推動某種行為的其中一種最有力方式，是間歇地給予支援。吃角子老虎機在我們拉了把手無數次後，不時吐出十個兩角五分硬幣。於是你將硬幣放進機器中，並拉把手。再放入八個硬幣。甚麼也沒有發生。到放了第九個硬幣時，出現了三個檸檬，燈光閃亮起來，硬幣叮叮咚咚地跌出來。那個本來感到有點失望的蠢人現在重生了，再次委身給那強盜餵更多硬幣。

上帝以相似的方式行事。祂吸引我們，我們跟隨祂。我們禱告，我們禁食，我們施予。我們促請祂改變我們的朋友或同事。我們向那人說話；我們與他讀經和禱告。很少改變發生。那機器不斷吞吃我們的硬幣。我們繼續放入硬幣，然後突然有種子生長。地裏生出一點兒綠色植物，新生命初生的甜美果子邀請我們慶祝。我們上釣了。更多硬幣給放入機器，而我們好像對吃角子老虎機無定地吐出硬幣那樣，對上帝怎樣和何時工作，仍然感到迷惑。

榮耀是誘人的。我們愈嘗過它，它的鈎便愈深地鈎著我們的靈魂，我們便愈難擺脱那鈎，從領導中逃跑。領導別人涉及那麼多苦難和掙扎，為甚麼我們不逃跑？原因只有一個：上帝傾出祂足夠的同在，令我們上釣。上帝引誘我們，以致我們想知道故事的下一集會怎樣。上帝揭開祂的情節，不情願和蹣跚的僕人在成為謙卑的領袖時，被高舉看見祂的榮耀。

註　釋：

1. 詩篇五十五篇 12 至 14 節。

2. 參加拉太書六章 9 至 10 節。
3. 哥林多後書一章 8 至 9 節。
4. 哥林多後書一章 5 至 7 節。

第三章

一個成功地失敗的領導的個案研究

艾薩克森建築公司

大部分真正的學習都來自故事。因此我認為加德納（Howard Gardner）的《領導風雲錄》（*Leading Minds*）是坊間其中一本關於領導最好的書。它深仔細分析了十二位不同領袖的長處和弱點，而作者的前提是：透過他講述的故事，和他代表自己的人民所創造的神話，一個領袖領導。加德納也論證説，要明白領袖領導的本質，最好的方法是觀察他們的個人故事，怎樣與創造他們專業的神話交匯。

因此我想研究，個人故事怎樣模塑我們在專業世界中交往的方式。要這樣做，我們會思考經過權力移交的長期搏鬥後，帶領家族生意的一個人。領袖無可避免地面對衝突，而觀察在這種衝突中涉及的那種關係上的掙扎，會反映一個人的品格。這個故事特別顯示商業世界中的事件怎樣反映關於內心的事情。

很多期刊都研究過艾薩克森建築公司（The Isakson

Construction Company）的故事。但我想根據家庭衝突來思考這個得到深入追查的故事。在商業上，將領導權由一代傳給下一代往往十分複雜。而在家族生意中，這個過程可以同時毀了家庭和生意。在艾薩克森家族的情況，生意的計劃清楚表明哪個兒子會接手領導，但這個選擇的含義在家族中卻從沒有得到處理。

一個家族權力移交的顧問，提出以下洞見：

> 建立機構的父親往往對繼承自己事業的兒子有矛盾心情。（要明白這種綜合症會否延續至女兒身上，仍然為時尚早。）在一個層面，爸爸想兒子成功，令他自豪和富有；但在另一個層面，他可能視兒子為對自己男子氣概和主宰地位的威脅。[1]

艾薩克森建築公司

約翰・艾薩克森（Johan Isakson）建立了全世界第二大的建築公司。他的公司在幾個國家設計和興建巨型的水壩和道路系統，也興建了當時全世界十座最高建築物的其中三座。艾薩克森建築公司是一家大企業，處理它工程的各個方面：融資、設計、興建和管理地盤及建築過程的所有方面。

約翰在七十二歲生日時宣佈，打算在七十五歲前將領導權移交給一個新的行政總裁。他有幾個兒子和很多孫兒，但除了最年青的幾個孫兒外，所有人都有可能繼承他的事業。不過，大兒子赫爾曼（Herman）明顯是他的繼承人。他從低職位一直做到高級管理職位，曾經成功管理過公司幾個最大的工程。他很進取，在城市裏有很強的生存能力，而且靈活。父親喜愛他，借助他的智慧，也喜歡與他一起。

二兒子杰克（Jake）是電腦專家，擁有麻省理工學院（MIT）的學士學位和哈佛大學（Harvard）的工商管理碩士學位。他很聰明和機敏，一直都是哥哥有力的競爭者。如果赫爾曼成為公司下一任行政總裁，便自然會按照父親的做法帶領公司向前。不過，如果由杰克接手，他會放棄公司某些附屬公司，引導公司在國際市場中機敏地營運。杰克得到母親的支持。

集團和家族的權力轉移中，最複雜和有力的參與者是約翰的妻子貝基·艾薩克森（Becky Isakson）。她在公司沒有正式職位，但她有能力影響決定卻是廣為人知的。那些想得到約翰的生意的人都知道，必須與貝基打交道。

她公開批評大兒子赫爾曼，因為他娶了一個貝基認為不夠世故的女人。而且貝基看到赫爾曼傾向衝動，她害怕艾薩克森建築公司最終會在他缺乏先見和耐性之中給葬送。她了解杰克，以他的機敏和對科技的熟悉，他可以帶領公司進入赫爾曼和約翰做夢也想不到的領域。

杰克可以將自己大部分成功歸功於母親。貝基引導他向科技發展，幫助他運用自己的技巧取得最好的交易。她很早便訓練杰克與商店的店員討價還價，甚至連標明固定價錢的貨品，他都有辦法取得更好的價錢。長大後，杰克學懂安排有折扣的融資，是別人都不能取得的。在很多方面，貝基的謀算都是這個個案研究的關鍵點。

約翰在七十三歲時中風，在兩兄弟爭奪控制領域時，公司分裂了。大部分分析者都根據兩個兒子的相互影響，和父親沒有制訂繼承計劃來研究艾薩克森建築公司而得出結論。但約翰因為健康理由而退下後，貝基才是真正令集團最終瓦解的人。

對領導最大的挑戰的失敗回應

細心研究艾薩克森建築公司，便會看到你和每個領袖都遇到的五個最大挑戰。而可惜的是，對艾薩克森家族和他們的建築公司的個案研究顯示，他們對每個挑戰的回應都是失敗的。對出賣的回應是自戀；對危機的回應是懦弱和恐懼；對複雜性則以僵化來逃避；對孤單的解決方法是操控；而對消沉則容許它產生宿命論。當在創辦人的健康危機引致一連串常見的領導挑戰——對每個挑戰的回應都有致命的缺點——一個領先的國際集團崩潰。

出賣和自戀

貝基．艾薩克森來自一個驕傲、有權有勢和富有的家庭。她出身上流社會，她與約翰結婚是上流社會的事件。令這婚姻那麼特別，特別是在社會上有名望的家庭中那麼特別，原因是約翰和貝基之間的愛。那些評論過他們約會的人都肯定，他們十分關心和尊重對方。

後來赫爾曼和杰克出生。關於這段時間，沒有甚麼值得留意，除了約翰傳出醜聞這件可惜的事件。事情大致是這樣：艾薩克森建築公司十分成功，但仍未擴展至全球市場。公司承接了幾個很大的建築工程，遠超過過去成功的領域，因此累積了大筆債務，可能將公司拖垮。一個競爭者開始追討債項，並威脅要接管公司。

為了挽救艾薩克森建築公司，約翰「容許」太太與一間敵對公司的老闆有染。有關的細節從沒有公開，但貝基明顯在約翰努力挽救公司時被用作抵押。令人難以置信的是，敵對公司的行政總裁——也是揭露約翰不光彩的做法的人——藉著讓艾薩克森建築公司在以前沒有打開的市場得到有利的地位而祝福它。

艾薩克森建築公司變得更大和更強，但貝基再不能信任她充滿野心的丈夫。以這樣具毀滅性的方式被出賣帶來自我專注。一個人受傷愈深，愈會讓自己不再受到同樣傷害。那傷口愈長時間不處理，她的心便愈空虛。貝基投身於自私和無益的行為，藉以取回她失去的東西。

自戀不單是自我中心或自耗的生命取向。它是帶來更大傷害的過程，在一個人變得更有疑心和操控性時，掏空她內在的核心。傷害往往令人努力要求不惜任何代價都要佔優。

愈長時間不處理出賣事件，傷口愈會沉入潛意識，形成一種領導風格的核心推動力，令領袖變得十分具侵略性，也不會接受反饋或絲毫的不忠。即使是較不重要的批評，這種領袖都視為不忠。

多年前貝基離開了自己有權有勢的家庭，與約翰墮入愛河。但約翰出賣了她，她與得不到父親歡心的二兒子杰克結盟，來應付那留下來的深深的空虛。得不到解決的婚姻問題，引致家族的分裂和集團的瓦解。

危機和懦弱

危機遠在約翰未中風前很久已經醞釀。家人都知道赫爾曼得到父親喜愛。約翰開始將愈來愈多家族生意交給大兒子管理。對貝基，危機是她失去控制。在約翰死亡或不能發揮作用時，她可以控制大筆資產，但卻不能控制公司的方向。她試圖要控制的不單是金錢。她不想公司受到赫爾曼那粗魯的妻子影響。貝基討厭她的媳婦，決意阻止赫爾曼管理公司。遠在約翰中風帶來即時的管理危機之前，她已經開始安排二兒子杰克接管公司。

重要的是，要記得對領袖來說，現在的危機只是先前一連串災難的另一件事件。那些災難來到時，我們都發展出一種應付的風格。我們會出於恐懼或信心回應。即使當領袖顯得有信心和堅強，恐懼也可能影響他的經營才能。領袖愈讓恐懼成為自己的推動力，他的心便愈空虛，他對與自己共事的人便愈懷疑。

這是一個惡性循環。恐懼在領袖裏面製造愈來愈強烈的空虛，造成妄想症和自覺被出賣的自我實現循環。這個循環令領袖確信自己是孤單的，惟一有效的解決方法是操縱世界，讓自己可以得到一點兒安全。

同樣，這種行為可能顯得堅強和有自信，但實際上卻是懦弱和自私的。它往往能夠以熱切為機構的好處著想作掩飾，但對於那些挑戰領袖的信念或做生意方式的人，卻很少容許他們參與過程。貝基與二兒子結盟並不是一個慈母的關心。那是一個女人懦弱的控制，因為她從沒有處理自己的傷口，也沒有面對丈夫突然失敗所帶來的深深恐懼。現時的危機、過去的傷口和不確定的將來結合起來，驅使她說服杰克欺騙父親和哥哥。

複雜性和僵化

杰克的欺騙頗為簡單，甚至是精巧。有他管理資訊科技，公司在處理生意方面有很快的進展。公司愈倚賴科技，約翰和赫爾曼愈不明白，甚至不關心公司這方面的事情。只要艾薩克森建築公司的運作交在他們手中，系統順暢，他們便滿意。他們不明白的是，杰克建立的複雜運作控制了公司的大部分事情，而他們沒有發覺。

杰克建立了幾間空殼公司，在父親和哥哥的關注範圍以外運作。所有大建築工程都來自艾薩克森建築公司，但實行工程、追查融資和擁有紀錄等技術能力，都轉移到那些惟獨由杰克擁有的公司。受僱在那些公司工作的人都忠於杰克——或者至少忠於杰克支付給他們的大額金錢，他們不讓艾薩克森建築公司任何人知道這些事情。

你可能記得一個簡單的假設：記得你的謊言比知道事實更困難。計劃愈複雜，個人愈需要週全的範式去容納計劃。個人或機構愈害怕被逮著和發現，愈需要掩飾。我們都知道生命是複雜的，我們愈恐懼，便愈需要控制。對杰克和他母親來說，欺騙變成令生命保持「簡單」的方式，即使他們的努力實際上製造出更難以管理的細節。

我們都傾向採取一種萬試萬靈的方法來應付人生。我們想要有效的答案，任何有效的方法都成了我們藉以觀看世界的框架。在艾薩克森家族的情況，似乎有效的惟一取向是欺騙。家人從沒有考慮聚集所有主要成員進行真心的討論。他們從沒有引進顧問或信任的同輩。也沒有將決策的過程交給董事會。董事會也不能幫上忙。它由家庭成員組成，他們不會挑戰當權者的觀點。

領袖宣揚單一的存在方式時，那種僵化的取向掌握了他所有思考方式，消除有生氣的辯論，平息問題，沿著一條狹窄的路向前走。這種僵化是一種教條主義，將選擇收窄，只接受一種運作方式為正確，所有其他方式都被視為危險或引致分歧。教條主義不是我們相信的事情的本質，而是我們有多強烈地持守我們的信念。真正的教條主義者對處理一個問題的所有其他取向都抱懷疑態度，因為他嘗試過的真實方法受到挑戰。傳統比創新更得到珍惜，「真理」被用來使「異端」沉寂。從沒有問的問題是，創新可以怎樣幫助他更明白自己的傳統，或所謂異端怎樣可以幫助他更明白真理。在嘗試簡化複雜的現實時，採取僵化立場的領袖得不到這些答案——這些資料的來源。這種領袖視自己以外的所有觀點為敵人。

證據顯示貝基和杰克將自己的選擇收窄為只有一個：欺騙的路，從而墮進這種模式。

孤單和躲藏

如果領袖向恐懼和自戀屈服，建立階級令自己與下屬和同事疏遠，結果會有一個由應聲蟲組成行政隊伍，這些人並非委身於機構的好處。領袖愈躲藏，便愈變得孤立，會得到的資料、反饋、智慧和真正參與便愈少，以致不能作出最好的決定。而且，領袖愈躲藏——愈與機構中其他人隔離——愈需要藉著操控別人來維持控制。

孤立的領袖嘗試控制自己的命運時，大部分都將自己交託給某個過程、物質或人，是能夠減輕他們的痛苦，支持他們以為自己控制一切的幻象。（正因為這樣，很多孤立的領袖都有上癮行為。）杰克和貝基是二人的孤立組合，他們選擇倚靠欺騙。杰克控制艾薩克森建築公司的大部分資產。他精心的欺騙行為——只給父親他想聽到的資料——容許杰克對資產的活動，資料的儲存和取用，以及令業務運作的過程和程序，有更強的控制。

赫爾曼因為杰克控制著艾薩克森建築公司的資產，而自己不能推動一個海外公共工程時發現這個陰謀。集團世界流傳一個謠言，說赫爾曼威脅要殺死杰克。不過，傳媒報告中的威脅，只是法律訴訟。人們知道赫爾曼與黑道中人有來往，於是杰克逃到外國。他與母親的家人成立了海外的公司。

杰克變得更富有和更有權有勢，但卻過著流放的生活。在孤立中，他也變得孤僻、執著和變成了工作狂。最終他被與他聯合的親戚利用和剝削。結果他只剩下一個軀殼。

消沉和宿命論

領導的其中一個要求，是長時期以十分緊張的程度運作。危機的風浪不停止，而為推動我們前進而設計的組織，在不斷磨擦下分解。分解通常揭露過程、人和系統的弱點。面對持續的危機，新的危機又告出現。領袖為甚麼筋疲力盡，完全不是甚麼祕密。

在艾薩克森家族和艾薩克森建築公司的情況裏，開始的危機因為約翰中風而產生，並引發更多危機，最終令整個家完全毀掉。杰克失去他的地位和家庭。赫爾曼憤怒地活著，渴望報復。我們對貝基和約翰有甚麼遭遇幾乎一無所知。他們突然從公眾眼前消失。我們只能夠假設，在艾薩克森建築公司瓦解後，他們活在恥辱中。

領導的緊張程度產生消沉，長期的消沉很容易引發一種宿命論。對領導的任何巨大挑戰的無效回應——出賣、危機、複雜性、孤單或消沉——都帶來失敗，最終令人作法自斃。面對自己失敗的後果時，大部分領袖感到挫敗，變得持宿命論。很多被辭退的人加入其他機構或事奉，但可惜只是將過程重複。

我們從艾薩克森建築公司的個案研究得出結論時，發覺比對其他主要人物，我們對杰克有多點認識。但在講述故事的下一部分時，我必須補充一層具體說明和細節，令全面的揭露變得必須。杰克的名字實際上是雅各。沒有約翰；他的名字是以撒。他太太名叫利百加，而赫爾曼是以掃。這個故事記載在創世記二十五至三十五章。

故事的高潮在創世記三十二章，雅各與上帝摔跤，並得到一個新名字和成為蹣跚的領袖。在跛足前，他生命的特點是謀算和欺騙。但與上帝整夜摔跤，變得跛足，而且是人人都看見後，雅各在很多方面都成了一個不同的人。他的故事顯示上帝想與我們每一個人摔跤，祝福我們，以及令我們以明確的脆弱來行走和領導。

騙子被欺騙

雅各這個名字的意思是「抓著腳跟」，象徵「他欺騙」，他偷去哥哥的長子權，後來又偷去哥哥的祝福。[2] 以掃發誓要以暴力報復，於是雅各逃到舅父拉班那裏。他為舅父工作，很快便愛上了拉班的小女兒拉結。七年後拉班安排了婚禮，在婚宴後雅各與新婚妻子同寢。但第二天醒來時卻發覺自己受騙，與他完婚的是拉班沒有那麼漂亮的大女兒利亞，而不是拉結。

我們不可能看不到那個笑話。騙子在黑夜中被欺騙。祝福給了大女兒，而不是小女兒，雅各必須以利亞為妻子。拉班同意也將拉結嫁給雅各——條件是雅各再替他工作七年。時間不斷延長，但現在雅各狡猾地操控羊羣，令自己的權力和財富都增加。

最終雅各的權力和聲望都增加到一個地步，引致拉班的家庭不和。拉班的兒子開始對雅各的成功不滿，騙子看見另一個危機出現。上帝吩咐雅各逃走，他也照做，帶著家人和財富離開，卻沒有告訴拉班。拉班最終追上雅各和他的隊伍。他質問雅各為甚麼祕密離開。雅各用言語平息對質，與憤怒的岳父達成和解協議。

這是一個奇怪的故事。上帝在雅各逃避騙子岳父時保護他。上帝警告拉班不要傷害雅各，雅各也得到說謊的妻子保護。（雅各不知道拉結偷了拉班家裏的神像。拉班搜查她的帳幕時，神像收藏在駱駝的背上。拉結利用自己的月經作為藉口，在拉班面前不從駱駝背上起來。）[3]

嘗試想像誰透過哪種欺騙保護誰，會令人頭痛。但結果是雅各贏了。他打敗了父親和哥哥。他勝過岳父和拉班的兒子。但雅各將會成為一個新人。他被最機敏的對手——上帝——擺佈。

雅各變成跛子

雅各是猶太教和基督教信仰的第三個大族長。他的新名字成了以色列這個民族的名字。雅各的故事標誌著整個國家的身分。如果故事是我們達致自我理解的其中一個主要方式，也是領袖為他們的機構創造意義的一個主要方法，好好聆聽讓我們知道自己是誰的故事便十分重要。在這方面，雅各的故事是重要的。

正如較早時提過，雅各這個名字的意思是「騙子」。出生時他抓著孿生哥哥的腳跟，從母腹出來時試圖奪去以掃長子的地位。身為騙子，他的行動一定要快；在生命中把握機會時，他必須比別人都快。

從拉班那裏逃走後，雅各出發去祖先的土地，在那裏會遇到哥哥以掃。要記得，雅各偷了這個哥哥的長子權和祝福，這個哥哥發誓要殺死他。雅各與家人在雅博渡口紮營，他也可能有一隊私人軍隊。但在黑夜結束前，他吩咐所有人過河，獨自留在河的另一邊。選擇放棄安全的帳幕，在沒有士兵下渡過那個晚上，如果不是十分瘋狂，也是極不尋常的決定。

雅各立即遇到一個陌生人，他們整夜打鬥。經文描寫的方式顯示，這場打鬥是生死搏鬥。那是關乎生死的鬥爭，但奇怪的是它以僵持告終。雙方的實力可說此消彼長，但雅各和他的對手都沒有得勝。

到了破曉時，陌生人停止搏鬥，要求離開。這時雅各才發覺自己不是與凡人戰鬥。與他一起的是天使，或者更可怕的是上帝自己。那「人」摸雅各的大腿，這騙子便永遠跛足。接著雅各要求祝福，並堅持要得到祝福才讓那人離去。那人給他改名以色列，意思是「你與上帝較力」。[4]

以前叫雅各的以色列將摔跤的地方稱為毘努伊勒（「上帝之面」），「因為我面對面見了上帝，我的性命仍得保全」。[5]他與上帝摔跤，結果變得破碎和得到新名字。他的跛足提醒我們，上帝給我們重新命名時，也透過要求破碎的救贖將我們變成新人。

變成可以蹣跚地領導別人的人，不是我們會預計得到的。我們真的要那樣渴求，那樣深深經歷得以脫離我們的自戀、恐懼、教條主義和躲藏的傾向嗎？雅各的故事高舉的不是那搏鬥，而是上帝的良善，祂祝福一個攪陰謀、不配的人。無論我們離目標可能多遠，我們在這個記述中都看到的應許，就是如果我們開放自己與上帝相遇，離開時會不再一樣。我們會有新的路走——有預計不到的步姿。

註　釋：

1. Business Owner's Toolkit: Total Know-How for Small Business, "Intergenerational Conflict," CCH Incorporated – a Wolters Kluwer

Business, www.toolkit.cch.com/text/P11_1115.asp（在 2006 年 2 月 13 日瀏覽）。

2. 參創世記二十五章 29 至 34 節和二十七章 1 至 29 節。
3. 參創世記三十一章 33 至 35 節。
4. 創世記三十二章 28 節。
5. 創世記三十二章 30 節。

第四章

重要的是失敗！

沒有甚麼好像不完美那樣成功

馬斯希爾研究院一位很出色和有魅力的教授辭職了。那時和現在我們都不能討論這次辭職的原因，但對每一個涉及其中的人來說，那都是令人心碎的事情。在很短時間內，外面便流傳了不同的指控，由典型的那些（怪責院系的政治或神學）到微小的個人恩怨。我們的法律顧問叫我們甚麼都不要說，但我們愈保持沉默，學生便愈混亂和憤怒。

這次辭職事件在好些其他職員離開研究院時發生。各種謠言，和很多與學歷評審有關的混亂令那張力增加。行政當局努力澄清事件和消除不斷增加的不信任，似乎只帶來更多混亂和懷疑。

直到這個時候，領導層都做了我們需要做的事，但後來我們做了一件愚蠢的事情：我們將頭埋入沙堆，希望風暴會過去。我們採取駝鳥政策是有原因的，而當時也似乎頗為合理。學期即將結束，夏天即將來到。夏天往往令之前的一切動亂放慢，我們抱著一絲希望，盼望這次也是這樣。但卻事與願違。

學生繼續會面和談話。校方筋疲力盡、感到受傷和憤怒，我們都退入自己的角落，撫平自己的傷口。時間能夠醫治一切創傷？這次不是這樣，至少短期來說不是。相反，時間令心痛增強。那問題惡化，到了夏季中段，學生領導層的八個人中，有七個已經計劃離開學校。

假期後我回到學校——也回到叛亂的聲音。等候我的，是學生理事會要我參加討論的邀請，校方有些人認為這樣做只會製造更多分歧。之前我們沒有聚集談話，因為法律顧問吩咐行政當局保持沉默。不能談話時你怎樣談話？但我們幾乎完全失去學生理事會的支持，而這也表示失去大部分學生的支持。我視這次會面為成敗的關鍵。如果學生理事會辭職並集體離開學校，我懷疑我們年青的研究院能否存活。

現在讓我提供一點背景資料。作為神學院，我們經常強調誠實和認罪的重要性，以及故事在培育羣體中扮演的角色。但學校的領導層一直保持沉默，因此我們是拒絕對話，不願意聆聽學生的傷痛和憤怒，也沒有承認和敍述教授的辭職對我們來說是怎樣的。現在我們一直持守和教導的事情，似乎成了要吊死我們的繩索。

與學生領袖的會面大約在六時開始，校園中的張力是可以感覺到的。我去與學生理事會的主席施泰因克（Paul Steinke）談話。在會議室，我看到一張漂亮的桌子，上面擺著洋燭和剛摘下來的花。學生決定請我們吃晚餐。

我目瞪口呆。他們邀請我們坐下，並招呼我們。我們開始進食時，施泰因克說話。以下是他說的話：

> 身為學生，我們在這裏，懷著很多傷害和迷惘。有些人感到憤怒。有些人決定離開研究院。有些人正在就將來作決定，但我們都發覺，在我們心痛時沒有人來問你們：你們怎樣？無論你們有沒有失敗，我們都因為沒有向你們打開我們的心，問你們在這些事件中忍受了甚麼，而有負於你們。我們想請你們講述你們的故事，按你們願意的程度與我們分享。

我來的時候，預備面對他們的傷害、憤怒和指摘，我穿了盔甲來抵擋預期的利箭。我完全沒有預備接受謙卑、仁慈和邀請。他說話時，我幾乎哭了起來。

我感謝施泰因克，並開始說話。我不記得我說的所有話，但我記得我哭了。我嘗試誠實地說出我被迫忍受的恐懼、憤怒和壓抑心靈的沉默。我帶他們到蒙大拿州（Montana）裏的一個地方，我和那個離開研究院的教授曾有很多時間一起在那裏。我失去一個朋友，我失去一條河，我失去喜樂。我感到我們為了建立這間研究院而忍受的一切，現在都成了討厭的笑話。

我看著施泰因克的臉，他流出淚來。每個校方的成員都說不同但又十分相似的故事。我們也聽到學生的故事，我們的眼淚沒有減少，但奇怪的是，我們也有不能解釋、沒有計劃的歡笑時刻。我感到自己好像坐過山車，穿過時間異常一樣。有時我們以光速航行——影像和言語以比我們能夠理解的速度更快飛過。在其他時候，一切都放慢下來，好像爬行一般，言語好像零度以下的呼吸那樣凝固下來。

在那經驗的某處，我降服下來。我將研究院和我們的將來交託給上帝。但我似乎更是將一切交託給那對話。我將自己獻與那些話——我說和聽到的話——不再理會帶我們去到那會面的東西。我開始聆聽和參與那些說話的人的心痛。

我不能否認有時我感到被埋怨，變得有防衛性。有時我又感到很想解釋或提出解決方法。但這樣做會破壞創造出來的美的那種神奇，因此我保持沉默。

施泰因克和另外七個了不起的男女服事我們。他們聆聽我們的故事，為我們哭泣。他們只要求我們也這樣做。而我們也確實這樣做。

那晚的結束，並不是向馬斯希爾研究院或教師、或管理層的感人致意。並非所有傷害都解決了。事實上，一個學生說：「這個晚上帶來了不起的醫治，我相信你們是善意的，但要我留下來，需要上帝行動。」後來他說：「當然下雨也是上帝的行動。」經過幾星期的禱告後，他選擇留下來。在夜晚盡頭，將來比較光明；但更真實的是，一間新的研究院因為施泰因克那勇敢的愚拙，而從灰土中誕生。

蹣跚地進入混亂中

身為學生團體的領袖，施泰因克選擇不退縮。相反，他創造一個對話的環境。他選擇不支持任何一方，但他也不否認自己的疑惑、憤怒和心痛。他拒絕以指控開始對話。相反，他侍候有時似乎是他敵人的人，並給每個人空間講述自己的故事。他輔導、教導和勸導學生理事會，邀請他們模塑他們想為我們創造的東西。

施泰因克是了不起的領袖。他藉著冒最大的危險來領導——邀請對話，創造講故事的環境，進入張力和含糊，並祝福混亂，作為讓勇敢的心靈在複雜中找到出路的環境。他的外表或風格跟現代的領袖不符。他不是建立共識的關係型領袖，看民意調查，然後帶領人們到他們已經想去的地方。他也不是溫和地專制的人，定好前路，以自己意志的力量說服別人跟隨他。

相反，他是一團糟。他引來混亂，跳進過程中，容許崎嶇的路抖出一些觀念或選擇。他知道自己可以無禮和自大，但他也是溫柔和仁慈的。他有奇怪的能力，可以信任自己和自己的感覺，但他也懷疑自己，願意開放自己聆聽別人怎樣看他。他是我希望有一天能夠成為的那種領袖。事實上，在很多艱難的時刻，我都問自己：「**施泰因克會怎樣做？**」

我們都需要榜樣。我們都需要從觀察我們尊敬的人來學習怎樣領導。領袖不是天生的，也不是訓練出來的。他們是想像出來的。事實上，有些領袖似乎一出生便進入有權力的地位，訓練可以促進這種人的領導能力。不過，領導、失敗和成長的膽量來自看別人做你以前不能，但現在能夠想像的事情。

在看施泰因克帶領我們經過艱難的時期前，我沒有想過混亂可以帶來一些好的東西。在此之前，我相信混亂是要管理或避免的。但從觀察施泰因克，我學到領袖可以進入混亂，引出別人最好的東西；而不是利用混亂作為責備和孤立的提示。在教授辭職後的多個月，施泰因克曾經說過一些有傷害性的話。有時他又容許沒有處理的痛苦流傳得太長時間。沒有人可以進入領導的艱難領域而不失敗。但施泰因克沒有隱藏自己的失敗，也沒有為自己的選擇辯護，或將那些選擇合理化。相比他的能力，他領導的方式需要更真實的恩典。

在這個時期之前，我留意到自己的一些缺失，但我從沒有想過，聖經中上帝親手挑選的領袖中，絕大多數都充滿錯誤和失敗。我很難提出聖經中有任何領袖不是大大的失敗，以致應該將他們從領導位置中移走的：亞當、挪亞、亞伯拉罕、以撒、雅各、摩西、大衛、以利亞、耶利米、馬利亞、保羅和彼得。上帝似乎不單喜歡使用感到困擾、古怪、不能預測的人去領導別人，也喜歡使用這些人讓人認識福音。

身為罪魁

上帝喜歡不情願的領袖，而更好的是，祂喜歡的不情願的領袖，是知道自己害怕、迷惘和破碎的。事實上，祂似乎特別喜歡叛逆和愚蠢的人。上帝揀選感到困擾的領袖，是因為很少人蠢得願意說好？還是祂揀選軟弱、受困擾的人，是因為他們在破碎的狀態中，可以有獨特的角色？答案是肯定的。

上帝呼召領袖在領導別人進入上帝救贖的故事時，透過自己的生命講述一個救贖的故事。領袖主要是講述和製造故事的人；而受困擾的人蒙召成為領袖，是因為他們製造和講述引人入勝的故事。理智、合理、謹慎行事的人沒有充分投入生命，以產生偉大的故事。相反，他們安坐，等候領袖－說故事人來，以值得活的生命吸引他們。

困擾的領袖公開忍受自己的軟弱，恩典正是透過他們的軟弱被放大。軟弱是福音裏的偉大觀念，令它成為給我們的好消息——我們不是十分健康、快樂或聖潔。上帝的僕人領袖是要號召上帝的子民悔改和有信心。而相比先改變領袖——他們比他們教導、鼓勵和引導的人更需要恩典——上帝還有更好的方法這樣做嗎？

使徒保羅是不能更清楚、更直接或更異乎尋常的了。他指出：

> 又恐怕我因所得的啟示甚大，就過於自高，所以有一根刺加在我肉體上，就是撒但的差役要攻擊我，免得我過於自高。為這事，我三次求過主，叫這刺

> 離開我。他對我說：「我的恩典夠你用的，因為我的能力是在人的軟弱上顯得完全。」所以，我更喜歡誇自己的軟弱，……凌辱、急難、逼迫、困苦……，因我甚麼時候軟弱，甚麼時候就剛強了。[1]

保羅講述的故事是古怪的。首先，正如約伯的故事，撒但在榮耀的工作中扮演一個角色。撒但令保羅有些傷害或苦難——身體上、心理上，或者兩者都有。保羅求上帝三次，很可能配合他三次見到天上的榮耀。然後保羅聽到上帝說：「不。我對你的苦難有一個偉大的目的，就是顯明所有領導的弔詭：軟弱就是力量。」

這是保羅其中一句主要的顛倒話。不要錯過這點：模仿耶穌的領導不會是正常的。人們不會有預期，大部分情況下也不會喜歡。它會製造混亂和反常，會要求個人的身體和靈魂、財富、名譽，以及所有其他令我們的生命安全和滿足的小神。

這就是上帝的領導模式：祂選擇蠢人愚蠢地生活，藉以顯明天上的計劃，這計劃逆轉和顛倒這個世界的智慧。祂呼召我們破碎而不是有表現；建立關係而不是喧鬧；接受恩典而不是成功。難怪我們的商學院或甚至神學院，都不談及也不羡慕這種領導。

使徒保羅將自己的失敗、軟弱和罪加起來，稱自己為「罪人中的罪魁」。在給提摩太的信中，他開始第一章時痛斥一羣最配得上稱為罪人的人。他指出他以前從未稱為罪人的人，包括奴隸販子和弒父弒母的人。指出上帝的聖言定那些生活違反公義的人為有罪後不久，保羅補充說：

> 「基督耶穌降世，為要拯救罪人。」這話是可信的，是十分可佩服的。在罪人中我是個罪魁。然而，我蒙了憐憫，是因耶穌基督要在我這罪魁身上顯明他一切的忍耐，給後來信他得永生的人作榜樣。[2]

做了幾十年心靈破損的信徒期間，我從沒有聽過講員用這段經文講道時，不將保羅所說的話儘量淡化。即使他們指出保羅使用現在時態——身為罪人中的罪魁對他來說是**現時**的現實——他們也很少將他的罪性，與這一章較早前列出的那些十惡不赦的罪作比較。但保羅實際上說：「將我與背教者、殺人犯和妓女比較，我比他們有過之而無不及。我以前一團糟，而且我現在比你們任何人都更是一團糟。但我是你們的使徒。我是外邦人接受福音的領袖。」保羅以致命的一擊，排除了任何領袖可以以哪怕是一丁點兒自義來服事的可能性。

因此，為甚麼大部分領導都害怕，自己有天會被發現或知道，揭露和羞辱？他們**知道**自己一團糟，但他們抱著一絲盼望，希望沒有人會留意到。

保羅不單號召領袖謙卑和自我輕視，也號召他們絕望和誠實。自我揭示、真實和具透明度還不足夠。我們的呼召遠超過這樣。我們蒙召不情願、蹣跚，成為罪魁領袖，更甚的是成為故事。保羅用的語言是領袖要成為「榜樣」，但這不單是指法蘭絨板上的人物。他號召我們活生生地描述我們懇求別人相信的福音。而這要求領袖視自己為同樣傾向欺騙和說出事實，操控和祝福，退縮和勇敢。領袖既是英雄**又是**傻瓜，既是聖徒**又是**惡棍。

我們兩者都是，偽裝為其他人是不真誠。不能面對自己的黑暗的領袖，必須忍受恐懼和虛偽。結果會是有防衛性，視挽回面子和控制別人，比祝福別人和做好事為更高的善。很明顯，聖經的領導模式是古怪、顛倒和十分令人困擾的。它是那麼令人困擾，以致大部分教會、神學院和其他宗教機構永遠都不會聘請「罪魁」。惟一想到這樣做的是上帝。思考一下祂揀選來帶領祂的子民透過出埃及奔向自由的人。毫無疑問，摩西是他百姓中的罪魁。

顛倒的領導

摩西是個十分困擾的人，他是那麼困擾，以致——在違背上帝所說的計劃時——發洩怒氣，結果被禁止進入應許地。他是憤怒的人，以殺人的憤怒開始自己的事奉，結束事奉時背負著在憤怒中擊打石頭兩次的後果。但他是惟一面對面與上帝說話的人。

不公義令摩西有力量。雖然他是法老的世界中有特權的外籍居民，但他不能忍受看到自己的同胞被壓迫和殘暴的政權奴役。他一時衝動下殺了一個埃及人，然後逃走，過著流亡的生活。[3] 在那裏他保護一個年青的牧羊女，讓她不受暴戾的男人傷害。他明顯對抗那些以殘暴運用力量的人。摩西被牧羊女充滿感激的家庭收容，花了四十年牧羊。

經過四十年後，他蒙召作領袖——這個角色容許他繼續對抗不公義的戰爭。在一次與會説話的荊棘的奇怪相遇中，摩西得到吩咐要脱去鞋子，開始與上帝對話。在那相遇中，上帝告訴他要做甚麼，以及要怎樣實行。但接著的事情是那樣奇怪，以致對上帝怎樣與祂呼召來領導的人交往，它挑戰我們的觀念。我們假設如果上帝從燃燒的荊棘向**我們**説話，吩咐**我們**做一些事，我們會跪在祂面前，立即照祂的吩咐做。但摩西不是這樣。他站穩立場，對抗上帝的計劃。

摩西面對火焰向上帝説不。「祢找錯人了，因為我拙口笨舌，祢要求我做的事，我相信我是做不來的。」事實上，摩西很可能記得自己上次嘗試拯救自己的同胞時有甚麼結果。他是被通緝、舌頭有瑕疵的人，不是上帝子民的領袖。

無論他反對背後有甚麼理由，想一想要否決上帝的建議需要多大的膽量，而當時上帝正在火中向摩西説話。[4] 這個故事令上帝和摩西都顯得古怪。如果上帝是那麼可畏和可怕，一個拙口笨舌的牧羊人怎能那麼輕易破壞上帝的計劃？上帝最終讓步，提出一個交易，包括以摩西的哥哥亞倫作為摩西的發言人。因此，摩西這個殺人犯在爭論中贏了上帝。

這個故事令我發笑，直到它扼著我的喉嚨。我不相信地笑起來，上帝與自己的子民爭論和辯論——直到我突然發現最終贏了的是上帝。但從這個敍事，我可以將甚麼加入我的神學？這個故事怎樣改變我對上帝的無所不能和主權的觀點？我無疑肯定上帝的無所不能和主權。但當我考慮到這個故事，看祂揀選和差派不情願領導的領袖，以致他與全能者對抗時，那是甚麼意思？

領導始於渴望

大部分領袖都無意或不渴望領導；他們因為不滿而被拋進混亂中。如果他們願意忍受生命的現況，他們永遠都不會成為領袖。只是忍受的人會成為經理或官僚，但不會成為領袖。

經理和領袖的分別，在於要改變現狀，創造一個不同的世界，這種內在的衝突。在這個意義上，領袖是先知。他們視現狀為未完成和不充分的，而為那應許的更美好將來，他們願意冒險失去現時的安舒。另一方面，經理則滿足於令機構好像它所能夠的那樣，平順和有效率地運作。經理致力保持飛機在空中，而領袖則想在半空中為飛機安裝新的引擎。

經理想以過去證明行之有效的方法，來應付無可避免的混亂。相反，領袖知道帶來改變雖然困難，但不這樣做會破壞羣體。沒有隨領導人們脱離現狀而來的混亂，便不會有脱離日常慣例束縛的那種自由。

渴望維持現狀的領袖成了將頭埋在沙堆的駝鳥。領袖必須是感到困擾和不滿意的，他必須提出這個問題：**明天怎樣可以比今天更好？**他必須有遠見，活在這兩者的張力之間：怎樣尊重今天好和真實的東西，以及根據明天可以怎樣改變而對今天不滿。他被現在和可能拉扯，但由於他渴望改變，他以説話把將來帶到現在。

領袖必須加深機構對前進的渴望，同時揭露想維持現狀涉及的懦弱和自滿。在激起渴望和提醒她服事的人，如果他們堅守現狀便會失去甚麼時，領袖提供先知的同在。先知型領袖活在過去和將來、渴望前進和要求停留的張力之間。難怪領導充滿冒險和失敗；也難怪領導要求人同時承認自己害怕進入不確定，又沒有能力留在確定的現在的安全中。

領導始於行動的召喚

燃燒的荊棘派摩西執行一個任務的很久之前，他已經是領袖。他領導，因為他願意行動。好像摩西一樣，領袖必須願意跳進衝突中，而不完全知道對他有甚麼要求。領袖緊抓時機，投身到衝突或危機中，因為對成長的渴望召喚他帶來改變。他可能是錯的，甚至可能十分愚蠢，但卻被驅使去説話、選擇和行動。

我們可能以為自己不是領袖，但我們蒙召在混亂的一刻影響一個人或一個過程時，便在領導。我們透過勇敢的行動實行領導，將我們連繫到別人和上帝。每個領袖都建立連繫的橋樑，處理威脅要使人們分裂的裂縫。

這種連繫的工作是作領導那祭司的一面。它涉及連接破碎的部分，嘗試與那些分離的人和好。那分歧可能分開爭鬥的雙方或兩個相反的觀念。無論怎樣，領袖都建立連繫。他吸引別人到他那裏（連繫一），藉以將人們帶出會引致混亂或破壞的螺旋。然後嘗試讓敵對雙方建立連繫（連繫二）時，他往往成為雙方的戰靶。

不能單單說：「為甚麼我們不能好好相處？」不能單單一廂情願地想或促請別人停止以敵意行動。領導需要走進傷害、指控和防衛的泥淖，藉以聆聽和看到真正的問題。人們往往將這種能力描述為情緒商數，但它實際上是以勇敢來鍛煉的智慧，那勇敢就好像傘兵被機關槍掃射時由飛機跳出去，進入敵人的領域。

祭司型領袖藉著提醒人他們來自哪裏，怎樣來到這裏，以及在過程中成為怎樣的人，將他們與他們心裏要追求的異象連繫起來。祭司是羣體的記憶和良心。她講述羣體出生的故事，以及它得以寫下來要顯明的尊貴呼召。她教導身分的故事：你是君王的孩子。你是上帝的繼承人。現在活在你呼召的光中吧。

祭司必須跟試探搏鬥——討人們歡心，還是號召他們成熟。講述充滿虛幻和謊言的快樂故事，比指出我們欺騙和逃跑的故事容易得多。[5]

在那位教授離開後，馬斯希爾研究院開始新學期時，施泰因克在帶領新生的迎新活動期間處理那個情況。那是一個十分棘手的情況，有些學生不知道或不理會，另一些則聽過一些謠言，正在懷疑自己到馬斯希爾的決定。施泰因克同時談及心痛和盼望。他講述自己的關注和他怎樣看到校方進入艱難的對話，但仍然以親切的關懷彼此對待。他承認我們需要恩典、饒恕和勇氣，然後他大膽地說：「如果你們想學習怎樣在掙扎和混亂中好好生活，而不單是讀到這種生活，你們便來了合適的地方。」他的誠實和盼望是先知式的，而且有感染力，學期以新的能量開始。

領導產生新的創造方式

我們想到主任牧師、集團行政總裁或大學校長時，通常想到最高的決策者，聆聽多個不同觀點，衡量資料，然後作出最後決定。他坐在金字塔頂部，負上全責的位置。對大部分人來說，這就是身為領袖的意思。

思考一下保羅是外邦人的使徒。摩西是以色列民族的領袖。施泰因克是學生理事會的主席。領袖的銜頭通常講述那個故事。但在上帝的計劃中，成為君王表示成為僕人－牧者。**君王**和**牧羊人**這兩個詞語在古代近東，幾乎是可以互換的。成為君王表示牧養一羣百姓由死到生。這個領袖需要謹慎，既注意細節，又能夠看到大圖畫。這個牧羊人也保護羊羣，不讓牠們受到敵人傷害，並給牠們食物、水和休息。

很多君王誤會或濫用自己的呼召，結果吞吃羊羣——然後怪責羊羣數目減少。這種領袖藉著運用恐懼和羞恥來鞏固自己的權力。軍隊退縮和服從，但他們不愛領袖，也不忠於他。要成為牧者－君王則困難得多，他必須擁有權力，又將權力交出，直至他成為倒轉的金字塔的平衡點。

這種領導的複雜性使摩西要建立一個領袖階級，以一千、一百、五十和十人為單位，應付百姓。[6] 這種取向並非源自摩西本身的智慧，而是來自他岳父葉忒羅的意見。身為領袖，君王必須向別人的智慧開放，然後給別人權力執行計劃。

但身為**惟一的**領袖，摩西是百姓抱怨的對象，也是人們在每次災難時攻擊的對象。那呼喊是冷酷的：「為甚麼你從埃及帶我們出來，殺掉我們？」這些話刺痛人，因為它們擊中他最深的懷疑和恐懼。每個領袖都感受到，來自暴民和自己最親愛的同伴的出賣和指控的刀鋒。跟隨者最享受的是將領袖推上王位，然後等他跌倒。

此外，由於複雜性和要求的擔子是那麼重，領袖有時會誤用自己地位的權力。例如：摩西在憤怒中擊打石頭，因而被禁止進入應許地。摩西犯罪，不能進入安息。使徒彼得是耶路撒冷教會的主要領袖，他也需要別人責備，才不會將福音和割禮的律法混淆。另一方面，使徒保羅沒有誤用自己的權力，但他結束地上的生命時卻感到冰冷，只有很少朋友，要請求一個同伴帶他的外衣和一些皮卷給他。身為領袖，失敗和損失就好像日出日落一樣無可避免。

領袖會失敗，所以他需要承認自己的憤怒、自我專注和懦弱，並以自己為第一個需要赦免的人，服事自己的百姓。真正的君王拿起僕人的毛巾，為在他家裏作客的陌生人洗腳。他不單是主人，他也降卑到奴隸的地位，藉以跟隨那位偉大的君王，那位君王已經替他洗腳和赦免了他。

身為領袖，我們蒙召成為引起渴望的先知，使人們與彼此和上帝連繫起來的祭司，以及保護和供應子民的君王。但我們所有領袖同時都是假先知、假祭司和虛偽的君王，需要新的渴望、和好及勇氣。奇怪的是，正是帶領別人找到真理時，我們發覺自己的靈魂更全心想得到我們給別人的東西，以及我們只能夠在完美的先知、祭司和君王 —— 耶穌 —— 身上找到的東西。

註　釋：

1. 哥林多後書十二章 7 至 10 節。
2. 提摩太前書一章 15 至 16 節。
3. 參出埃及記二章 11 至 15 節。
4. 有關摩西抗拒上帝呼召他領導的例子，參出埃及記三章 11 節，四章 1、10、13 節。
5. 參以賽亞書三十章 9 至 18 節。
6. 參出埃及記十八章 13 至 27 節。

第五章

面對危機

另一隻鞋有千斤重

聽留言時，我是坐在長沙發上的。那信息在我腦海裏迴響時，我將電話放下，由坐著轉為躺下。然後我拉一張被蓋著自己的臉。我太太看見我，問我一個任何有理性的人都會問的問題：「甚麼事？你瘋了嗎？」

我不想回答她的問題，我不想重複我剛在留言信箱中聽到的話。如果我蓋著頭，閉上眼，我便可以穿插於不思想，和高度專注地想辦法盡快解決那闖進我生命的危機。不過，就在幾秒之間，我便發覺我不能夠躲藏。我也不能對那困難施加壓力，很快得到一個解決方法。

那留言通知我，州教育部認為我們的學術副院長沒有博士或碩士學位，過去又沒有教學經驗，不足以帶領我們這個年青的機構。我們只有九天時間找一個有博士學位的人代替他，否則便會失去州的辦學授權。

我們全時間教職員中，沒有一個有博士學位的人想擔任這個職位。但這個職位卻需要有人填補，而緩慢、合理的找尋明顯不可能在九天內完成。危機總是悄悄來到，從後面咬你。它揭露你沒有準備，或者你假設安全是多麼愚蠢。

我開始問甚麼引致危機在這時出現，彷彿我可以偵查上帝或華盛頓州教育部的心思。我一方面怪責自己沒有看到研究院的脆弱，另一方面又埋怨有關當局不公平，只給我們九天時間去解決問題。

危機打開羞恥和責備的斷層線。誰犯了錯？誰沒有預期到那困難？誰沒有好好應付危機的開始階段？在二〇〇五年的颶風卡塔里娜（Hurricane Katrina）後，我們都看見責備遊戲的餘震。新奧爾良（New Orleans）的市政府被指沒有實行它的災難應變計劃。州政府不合格，因為它沒有支持地方政府，提供協助和資源。聯邦政府被指在提供援助時緩慢和反覆無常。每個政府代表都指摘別人漠不關心或者更糟。但最初卻沒有人為任何失敗承擔責任。危機愈大，我們愈想責備別人。但責備如果被公開，只會放大羞恥，而羞恥令解決困難的精力和創意流失。

勇氣對責備

英語**危機**（crisis）這個詞來自希臘語的 *krisis*，意思是「篩或分開」。危機把事情揚起，將麥子從殼糠分出來。作為分開的時刻，它們迫使領袖作選擇——冒險並懷著勇氣受苦，或者在恐懼和威脅的環境的重壓下崩潰。

危機涉及兩個主要元素：危險和羞恥。這些特點幫助領袖區分真正的危機和「正常」的困難。思考一下羣體知道颶風會在不足二十四小時內登陸時，這個消息對羣體的影響。正常的工作突然間停下來，藉以將注意力和資源集中在預備應付面前的危機。這和有人知道父母患了心臟病沒有很大分別。在每個生命和每個機構中，都有死亡、離婚、法律訴訟、負面的消息、騷擾的指控、財政轉壞和職員衝突的時候——這些危機威脅我們的生存和完整。

危機揭露我們在別人眼中或實際上無能時，會有恐懼的感覺，並可能會被發現。我們在某程度上都感到自己好像裝腔作勢的人。我們知道，自己不知道別人假設我們知道的事。我們就是不如我們想別人以為，或者別人可能假設的那樣，聰明、勇敢和有恩賜。一個人感到被揭露和揭發時，自然的經驗是羞恥。

危機不單是威脅；它帶來毀滅的危險。可能吹倒一棵樹或妨礙旅程幾小時的風暴不是危機。但可能夷平社區，殺死居民的颶風，則是可以帶來完全毀滅的危機。而令危險增加的，是往往在危機之後出現的羞恥。一位牧者這樣講述自己對危機和羞恥的經驗：

我帶領第一間教會完成一個建築計劃，建築物建成後，我發覺我們債臺高築，面對嚴重的財政短缺。

> 我害怕有帳單不能付清和事工不能實行。我與區會合作應付了一些財政開支，但我最終要離開，因為我沒有受訓練或擁有那技巧，去領導教會渡過我製造的財政問題。我離開這間教會時，感到自己是失敗者。[1]

這位牧者繼續在另一間教會事奉了幾年，但如果他從較早的失敗那心痛中隱藏起來，他永遠不會這樣做。他選擇與一位導師和很好的輔導員交往，深刻地處理那些事件和自己的故事，以致他可作好準備，面對最終會在將來的領導地位中遇到的危機。

但很多領袖都沒有在危機和失敗中負上自己應付的責任。在這些人裏面，失敗揭露了他們傾向責備別人，而不是接受他們可以從危機中學到的事情。危機因為領袖的短視或無能而出現時，責備的遊戲便升級，令毀滅的可能性更大。

思考一下這種危機：一個不滿的僱員威脅要控告你的機構。如果那個僱員仍然在位，他可以填補一個重要的位置——但他這樣做卻不會有足夠的問責。由於那威脅要採取法律行動，他的主管必須監管他的工作時，很可能會退縮。誰會負責解決那個困難？懼怕法律訴訟可能帶來的破壞力，會怎樣影響機構的領袖？領袖又會怎樣管理辦公室的士氣和職員的工作量？

那最初的危機往往激起一些混亂，製造額外的危機。就好像颶風引發洪水、龍捲風和其他災難一樣。機構的裂縫過去不受人注意，現在卻變成大大的缺口。對此的自然反應是責備——即使要別人犧牲也要找掩飾——藉以逃避羞恥。

羞恥使你沒有信心，並粉碎別人賦予你的價值。大部分領袖都會逃避令他們羞恥的情況。人們往往以別人為代罪羔羊，藉以令羞恥轉離自己。危機迫使機構不單應付即時的事件，也處理人們會躲藏、責備和掩飾自己的行為這種自然的傾向。以下是一位年青牧者的經驗：

> 我來到前，主任牧師告訴我，他……計劃多留兩三年。但他在九個月後離開。有一羣人很愛他，不願意看見他離開。他離開後，他們把哀傷過程中經驗到的憤怒轉到我身上。我沒有經驗或洞察力，不明白有多大麻煩正在醞釀，到我發覺時已經太遲。我受到的對待，就好像我犯了性罪行一樣。問題實際上是關於我的組織和領導風格，我和教會的領導層對我應該承擔多少工作，也有很大分歧。
>
> 最後，我拒絕向他們的要求屈服……在大約一年半後，那關係和事奉都破裂。後來我發現，那個主任牧師遙遠地牧養那些將憤怒發洩在我身上的人。我花了六個月才找到另一間教會。說這是痛苦的也是太輕描淡寫，但我發覺上帝要教我一些神學院從來都沒有教我的事情。惟一學習那些事情的方

法，是經過那經驗。我繼續事奉，在現時的崗位已經六年半。上帝使用我較早時的經驗來預備我。

這年青人被己軍炮火攻擊。由於職員衝突、閒言閒語和背後的政治手段而引致的危機，實在多不勝數。如果上帝的羣體拒絕閒言閒語，大部分危機要不是不會發生，也會因為缺乏燃料而不能維持太長時間。可惜，這就好像在同一天清除癌細胞、痛風和男士的禿頭一樣不可能。

閒言閒語不單是傳遞消息；它是以傳遞資料為偽裝，而推進指控和責備。大部分危機的黑暗一面，是由閒言閒語支持的責備。它帶來那麼大的破壞，因為機構不是回應正在燃燒的火，而是將人力和資源花在撲滅小火，或應付虛假的警報。

有趣的是，**危機**的中文是將指「危險」和「機會」的詞連結起來。危機有轉化或破壞的潛力。面對危機，帶來轉化的轉捩點是甚麼？那選擇要不是恐懼地退縮，便是勇敢地前進。那轉捩點是破碎，而不是控制。

控制：懦弱的性格弱點

危機使人迫切要控制那情況。在威脅變得更嚴重時，我們嚷著要有解決辦法。我們期望真正的領袖以冷靜、有計劃的力量征服危險。我們都希望領袖會控制一切，令危機過去。

我曾與一些船長在比賽的帆船上航行，他們以皇帝的權威指揮掌舵，會令布萊船長（Captain Bligh）也畏縮。他們以怒吼發出命令。船員的錯誤受到他們咄咄逼人的輕蔑。這些船長透過威嚇和羞辱維持霸道的控制。

我們只需要參加兒童足球比賽，或者更糟的是少年棒球聯賽（Little League），便可以看到喜歡控制的領袖的處事手法。他向兒童呼喊，告訴他們站在哪裏和做甚麼。一個小孩從球場上走下來時，教練呼喊說：「我們練習了一百次，你在那裏想甚麼？在比賽中要用腦。」年青球員的自然反應是畏縮和服從。父母的典型回應是望向別處，假裝那責罵沒有真正發生。不過，很多父母心裏都希望可以揍教練。但欺負人的領袖傾向令所有反抗平靜下來。可能會提出批評的人害怕，如果他們質疑喜歡控制的領袖，會產生衝突。

透過控制得到權力的領袖，必定會運用自己的權力去懲罰失敗的人。職員花很大的努力避免對抗。他們過分謹慎，只按要求實行自己的任務。喜歡控制的領袖總得到自己應得的——只是最低的要求和沒有創意的配合。

這種反應在危機中尤其真實。要有效地應付危機，領袖必須利用創意、直覺、智慧、委身和熱誠。以威嚇統治的領袖扼殺這種靈活性，從下屬那裏得到的，是例行、有點機械化的回應。

因此，喜歡控制的領袖往往嘗試藉著羞辱別人，令其他人閉嘴和避免個人的責備。有些領袖責備人時甚至不提高聲線。他們不呼喊或羞辱別人，而只是聘請和保留那些不會質疑或反對全能的奧茲（Oz；編按：*The Wizard of Oz*《綠野仙蹤》裏的角色）的人。如果只有一種處事方式，你知道你是與一個喜歡控制的領袖一起，提出不同的取向既無用又危險。

喜歡控制的領袖最終必定會成為微觀管理人。這樣，魔鬼真的是在細節中。喜歡控制的領袖不信任下屬會做需要做的事情；因此，她必須深入危機的細節中。她變得愈著重細節，她的行為便愈有強迫性，她對問題的觀點便愈狹窄。她會迷失在森林中，看不見路，更不要提那些樹林了。

甚麼推動喜歡控制的領袖？那必然是恐懼和對權力的追求。一個人對人事和困難有愈大的控制權，他對掌管的感覺便愈強。控制的真正目標是排除混亂和不確定。但在要控制的所有努力背後，是一個恐懼的儲存庫，而權力則是對恐懼的解毒劑。它令恐懼的儲存庫不會達到泛濫的程度。權力也將恐懼最頂的一層凝固成自大的冰。喜歡控制的領袖會顯得比實際更有自信和自我肯定。在表面之下，那個喜歡控制的領袖卻是害怕的。他利用威嚇和羞辱，使任何接近帷幕以致看到強大的奧茲魔術師（Wizard of Oz）只是一個中年男子，不大知道自己為甚麼在那裏的人閉嘴。

悲劇就在這裏：權力和控制是高空的韆鞦，令領袖每搖一次，便距離地面更遠。他的成就愈大，便愈難放手。但領袖只有在迫自己放手時，才能夠得到真正的自信。而領袖真正需要的是相信上帝的良善，遠遠多於相信自己需要任何虛假的控制感。但領袖要有破碎和降服的歷史，才能夠信任上帝的良善。

破碎：通往勇氣的轉捩點

沒有人天生是謙卑的。事實上，似乎天生謙卑的人通常都是太懶惰，以致沒有熱心；或者太害怕，以致不願意冒險。如果一個人沒有受到要控制的試探，特別是在危機當中，這往往顯示他絕望和抱宿命論。謙卑來自羞辱，而不是來自選擇自我輕視或強烈渴望歸功於別人。

不是因個人的自大而受苦所生出來的謙卑，要不是與別人相處的實用策略，就是只適合少數人的天生偏好。對大部分領袖來說，謙卑只是來自由愚蠢地跌倒所造成的傷口。

這是關於領導和生命的可怕祕密：我們藉著從寶座上跌下來而實現破碎。破碎不是選擇；而是恩賜。我不認識有何人是選擇破碎，並以意志實現這種狀況的。要經歷破碎和謙卑，你要做的是領導。我們這些領導的人知道，那些沒有多大意義，也似乎沒有即時解決方法的事情發生，是因為我們的失敗。請聽聽一位明白這種動力的領袖怎樣說：

> 我開始現在的事奉時，其中一位副牧師因為我進行的一些改變而辭職。他誤會了那情況，以為我不想他留在這裏。我告訴他，我想他留下時，他拒絕相信我。他辭職時甚至沒有向會眾道別。由於他深受

喜愛和尊重，我認為這樣可能在教會引起危險的反應。在與委員會談過後，我決定對會眾坦白，告訴他們所有相關的資料，包括我在過程中所犯的錯。我學習在禱告中作決定，對自己最貼身的動機全然誠實。這容許我在情況惡化時完全具透明度。我也學懂對羣羊誠實和具透明度，不隱瞞我的錯誤。結果是每個人對我的解釋都似乎感到滿意，也感激我的誠實。

領導別人給你機會，首先落入互相競爭的目標和議程的交鋒中，然後以有限的資源和不足的資料處理那交鋒。你在這樣惡劣的環境下所做的每個決定都會有人支持，也有人反對。在這種情況下，有人肯定會認為你失敗。領導引來羞辱和破碎。

很明顯，對領導的荒謬只可能有三種回應：控制、逃跑或破碎。由於控制的無益和逃跑的無用，想變得成熟的領袖惟一可行的選擇是接受破碎。

破碎的計劃

蹣跚的領袖接受，他們在危機擁有權的上帝瘋狂計劃中的位置。但當危機來襲時，我們大部分人都假設自己是受害人。我們的論證是：**危機源自外在的源頭，這樣它**

便不是我的錯。由於我們沒有做甚麼引致危機，我們只是負責解決它。這個反應——雖然很常見——是會帶來災難的。

我們沒有考慮的是每個危機——即使是由自然災害帶來的——都涉及人。記著這個事實，破碎的領袖作出這個激進的假設：**危機不單是外在的；它也是內在的，它是一個機會，讓我處理自己生命中在愛方面的失敗，無論那失敗是直接還是只是間接與那個危機有關**。每個危機都可以揭示一些關於領袖的品格和內在生命的事情。而我們看別人的品格，往往比看自己的品格更清楚。在馬太福音中，耶穌說：

> 為甚麼看見你弟兄眼中有刺，卻不想自己眼中有梁木呢？你自己眼中有梁木，怎能對你弟兄說：「容我去掉你眼中的刺」呢？你這假冒為善的人！先去掉自己眼中的梁木，然後才能看得清楚，去掉你弟兄眼中的刺。[2]

承認和處理我們眼中的梁木，是朝謙卑，朝被關於我們的事實破碎走出的一步。要被破碎，需要接受四個現實：

1. **我永遠都不夠好，不夠聰明，或者不夠有恩賜，以致可以令事情行得通。**
2. **我的失敗會傷害別人、過程和自己，無論我多麼努力嘗試避免失敗。**

3. **我會造成的最大傷害，是藉著不參與、放棄或爭取控制，嘗試限制我引致的破壞。**
4. **呼求上帝及其他人幫助，是對謙卑的最深刻表白。**

受到羞辱——也就是公開地從權力的寶座跌下來——是與生命最深刻和真實的現實面對面。那現實是：我們永遠都不應該擁有上帝的權力。我們不是上帝。

我不能令我的機構興旺。我不能令我的女兒信主。我不能與太太製造親密的喜樂。我甚至對自己的思想、感情和選擇都不大能夠控制。啊，我有點控制能力，但假設我能夠完全控制自己，以致可以做我選擇做的任何事，則是天真和自大。

我有能力做的是進入弔詭的河流中。在戒酒無名會（Alcoholics Anonymous）的救贖過程中，以承認自己無力控制為第一步，是有很好的理由的。有了這個承認，我們便接受自己的破碎，放棄無用地努力管理自己的上癮行為——無論那是甚麼。

沒有領袖可以避免危機，每個危機都要求領袖全力應付。但領袖愈努力嘗試控制，他們能夠用來回應危機的精力便愈少。那是橡樹和竹之間的分別。橡樹是強壯、驕傲的樹木；竹只是草。橡樹威嚴地欠缺彈性，抵抗風雨，直至風太大時，它欠缺彈性便令它更容易折斷。不過竹卻會隨風彎曲，有足夠的彈性，以致不會折斷。這個橡樹和竹的對比，顯示可能是破碎的領袖最奇怪的一面：我們的破碎不是引致我們被壓碎，而是令我們有能力屈曲和改變，不是易碎和脆弱。

李（Lee）是一間冒起中的教會（emerging church）的領袖。他是一根竹。但他開始時不是這樣。他寫道：

> 一年前我們面對一個情況，教會大約有一半人會在三個月內相繼離開。他們去接受新工作或上研究院，或者因為畢業而要離開。我們不單會失去一大批會友，而且那些會離開的人幾乎在教會每方面都是領袖，也是我們很大的財政來源。我們面對十分真實的可能性：因為缺乏人手執行我們需要執行的工作，而要關門。我第一個反應是好像胎兒一樣屈身，在一個角落裏等待結局來臨。

破碎的領袖不再由給人深刻的印象，或取得他們認同的需要所推動。破碎的領袖已經認識羞恥，因此他們不大害怕被揭發或揭露為失敗者。這不是說她不關心別人想甚麼，或者是那麼自足，以致不在乎讚賞和喜悅。正如我很快會解釋那樣，別人的意見對破碎的領袖來說，是資料和喜悅。但她不因為別人怎樣判斷她而活或死。

關於資料和喜悅，我視強烈的反對僅是額外的資料，在理解自己和自己所選擇的路的過程中供考慮。強烈的贊成是喜悅，也是令人謙卑的提醒，甚至瞎眼的松鼠有時也會碰到橡樹果實。破碎的領袖的勞苦得到稱讚時，那是重要的提醒，令他記起成功既不是藉著努力贏得，也不是對忠心的報酬。相反，成功是恩典，要在另一件不好事情發生前享受的時刻。

那麼為甚麼我們害怕另一件不好事情發生？炮彈可能直接落入你徒手在結冰的泥土挖掘的散兵坑內。這並不公平，但也是現實。破碎的領袖不怕死，因為他對生命沒有抱持多少幻想，甚至完全沒有幻想。他知道那些讚美的人在下一次作決定時，如果不能得到他們想得到的東西，今天的榮譽只會帶來更深的失望。破碎的領袖對生命抱有愈來愈少的幻想；他認為生命只是會過去的恩賜——不配得、未經邀請和榮耀的。上帝的愛愈令我們脫離羞恥和責備的束縛，我們在危機中愈不會屈服於恐懼。能夠增強一顆心的能力，懷著勇氣而活的，是破碎。

甚麼是勇氣？切斯特頓（G. K. Chesterton）寫道：

> 勇氣幾乎是用語上的矛盾。它表示以願意死的方式，強烈渴望活著。「凡喪掉生命的，必得著生命」，不是給聖徒和英雄的神祕主義……被敵人包圍的軍人，如果要殺出重圍，需要結合對活著的強烈渴望和一種對死亡的奇怪淡漠。他必定不能單單緊抓生命，因為這樣他會變得懦弱，不能逃脫。他也不能單單等死，因為這樣便等於自殺，也不能逃脫。他必須以對生命極之不在乎的精神，尋求自己的生命；他必須好像渴望得到水一樣渴望生命；但又好像喝酒一樣，喝下死亡。[3]

勇氣的本質不是沒有恐懼；它是領導必不可少的弔詭。面對我們極端的無助，能夠打開大門，通往以「奇怪的淡漠」和「極之不在乎的精神」戰鬥的自由。這就是真正信心的基礎。

信心：接受良好的故事

如果信心只是保證我們正確，信心便只是修飾得很好的自大。真正的信心是謙卑下來的勇氣。蹣跚的領袖明白這點：**我不知道自己是否正確，我也不肯定所選的路是否最好，但經過思想、反饋、辯論和禱告後，我選擇了這條路。在過程中，我會好像尋求水一樣尋求生命，並好像喝酒一樣喝下死亡**。

有信心的領袖記得自己獲救贖的故事。她記得過去上帝很好地給她恩惠，讓她脫離災難；因此她將過去得到的教訓，投資在近期的危機中。她肯定過去的救贖，打賭以某種方式，在某個時間，從現時的災難中可以找到好事——即使危機的結果與她所渴望的相反。保羅在腓立比書中對死亡的看法，反映了這種信心。他寫道：

> 因我活著就是基督，我死了就有益處。但我在肉身活著，若成就我工夫的果子，我就不知道該挑選甚麼。我正在兩難之間，情願離世與基督同在，因為

> 這是好得無比的。然而，我在肉身活著，為你們更是要緊的。我既然這樣深信，就知道仍要住在世間，且與你們眾人同住，使你們在所信的道上又長進又喜樂。叫你們在基督耶穌裏的歡樂，因我再到你們那裏去，就越發加增。[4]

如果我犯大錯被辭退又怎樣？如果我因為我要做的決定而受到憎恨又怎樣？如果現時的危機令機構倒閉又怎樣？這些並非小事，也不應該隨便地處理。但可能發生的最糟事情是甚麼？被公開揭露和羞恥？失去名譽？那些對我感到失望的人的嚴厲批評？這些經驗都是不容易的，但卻不等於死亡。它們可能令人感到羞辱，但不是要我們失去心和靈魂。如果死亡不是我的終極敵人，任何比死亡微小的都只是小敵人。它也不是有能力奪去我的價值或喜樂的敵人。

破碎的領袖是信心和開放的美好弔詭。如果我領導的人已經發現我最糟的一面──我是罪人──我眼中的梁木便在每個危機中都不斷被除去。結果是我的視力更好，我也更有智慧，因為我對生和死都感到自由。

我較早時提及的李牧師，他的教會失去一半會友。他繼續說：

> 我第一個反應是好像胎兒一樣屈身，在一個角落裏等待結局來臨。後來我明白這種反應沒有任何用

處，於是花了點時間衡量幾個因素：（1）我想到上帝呼召我成為領袖要我做甚麼，上帝呼召我們的羣體成為甚麼。我發現兩者都沒有改變，因此必定有些事情會發生，可以回應因為即將有很多人離開而產生的需要。（2）我花了很多時間思想、閱讀和記起上帝的能力，正如祂透過聖經和我們羣體的故事顯明那樣。（3）我開始看誰會留下來，發覺上帝怎樣預備我們迎接將會來到的事情。那些從未領導的人與那些曾經領導的人一起，向他們學習。結果眾人重整我們身為羣體的呼召，以及在人們離開後的生命有甚麼可能性。

我們看到人們扮演，我們以前從不知道他們能夠扮演的角色，並看著他們成長。隨著放棄舊事物，並開始新事物，我們的羣體變得更有組織。失去朋友是痛苦的，有些調整仍然不如我們希望那樣，但總體來說，這個經驗對我們教會和我來說都是好的。我不知道當中涉及多少勇氣。我想我會稱它為對上帝是誰的信心，以及因為記得上帝做過甚麼和應許甚麼而增強信心。或許這就是勇氣的定義。我知道我害怕失敗，害怕失去我們那麼努力地得到的東西，害怕需要想出接著怎樣做。男性的身分有那麼大部分連繫到我們所做的事，我害怕在失去教會時也失去這個身分的大部分東西。不過，在

> 另一方面，我發覺我對自己身為領袖是誰，以及是我們羣體一部分的那些人都更有信心。進入前面的不確定變得容易得多。我不會選擇再經歷這樣的事情，但我感到我能夠平安渡過它。我也更懂得怎樣應付將來的危機。

李想好像胎兒那樣屈身躲藏。有哪個領袖沒有感到這種逃避的強烈渴望？但李清醒過來，記得自己的呼召。他記得我們的信心建基於其上的故事，並開始計劃。他走進混亂中，並號召其他人也這樣做，他的羣體變得有生氣。

李那破碎的勇氣對他來說並不像勇氣。對運用勇氣的來說，勇氣從來都不像勇氣。而且，幾乎所有英雄都表示：「除了我所做的事情外，我不能做其他事情。」勇氣永遠不會除去恐懼；勇氣只是將恐懼重新分配，藉以完成工作。正如拉莫特（Anne Lamott）在一次公開演講時說：「勇氣是已經作出禱告的恐懼。」[5]

機構的重大得益是，領袖知道面對危機時自己愈控制，便愈會失控。另一方面，他愈接受破碎的弔詭，便愈會有勇氣面對危險的威脅。蹣跚地領導藉著顛倒和弔詭發揮作用。你在軟弱時是最堅強，在破碎時是最有勇氣的。

你以明顯的蹣跚領導時，便找到自己身為領袖的最大效力。

回應領導的五個挑戰

在這一章，我提出懦弱是對危機無效的錯誤回應。面對任何危機固有的危險，領袖通常試圖控制別人和環境，藉以避免責備和羞恥。他缺乏勇氣經受對自己名譽的潛在破壞。

危機只是領導五個無可避免的挑戰的其中一個，而懦弱是我在自己和其他領袖身上看到最自然——和無效——的回應。但每個領袖都不相同，在你的工作中，你可能發覺你傾向以自戀或可能是僵化，而不是懦弱回應危機。

再看導論第十頁的第一個圖表。它列出對領導的五個挑戰的常見及無效回應。為了令這五個挑戰清晰一點，我將危機事件連繫到懦弱這種無效的回應，將複雜性的問題連繫到僵化，出賣的問題連繫到自戀，孤單的問題連繫到躲藏，消沉的問題連繫到宿命論。每一種回應都是自然的，但每一種都會令你成為無效的領袖，因為這些回應都不能令你從領導的蹣跚中取得力量。

我們得承認，每個人和處境都不相同，因此對領導的挑戰的錯誤回應，在不同領袖和不同處境都有分別。以下幾章提供一些關係的模型，可以具啟發性地邀請你思考，你自己對領導的最大挑戰的回應。以下四章會分別更仔細地看複雜性、出賣、孤單和消沉，以及領袖對每一個挑戰的典型失敗回應。我們同時會看一些蹣跚回應的顛倒有效性，那就是面對複雜性時的深度，以感激回應出賣，以開放克服孤單，以及以盼望對抗消沉。

註　釋：

1. 這本書提到的牧者和其他領袖，曾參加馬斯希爾研究院進行的一項研究。研究要評估領袖目前在工作中面對的最重大挑戰——神學院或其他訓練機構沒有處理的挑戰。原本的研究涉及一千二百位牧者，他們來自傳統和冒起中的教會（emerging church）及領導層。其後進行了另一項研究，從那研究中隨機邀請五十位領袖回應有關事奉中的個人挑戰、挫敗、失敗和成熟等問題。這本書引述的內容是來自那五十位回應者的。
2. 馬太福音七章 3 至 5 節。
3. G. K. Chesterton, *Orthodoxy* (San Francisco: Ignatius, 1995), 93.
4. 腓立比書一章 21 至 26 節。
5. 我當時出席了那演講，聽到她説這句話。

第六章

複雜性的困難

所有領袖都是對著鏡子模糊地觀看

早上在喝第二杯咖啡前看電郵總是錯誤的。我知道這是真的，但我很少做自己知道是最好的事情。如果我這樣做，我會吃燕麥而不是糖霜粟米片。我會做運動，預留時間安靜，不扭開電視看《今天》（*Today*）節目裏庫里克（Katie Couric）穿甚麼。

電郵是現代通訊的大災難。它令傳遞簡單的資料變得方便，但它迫使表達複雜事情的方式，是令困難的東西顯得容易，而且很多時，令次要的事情顯得重要。電郵將事情扭曲。它容許深思和合理的溝通顯得混亂和充滿憤怒。如果你閱讀電郵時只使用一半腦細胞，你便有難了。咖啡有幫助，但電郵仍然令鏡子更模糊。

在人類歷史中，我們從沒有好像現在那樣容易取得資訊，而大部分資訊都是沒有用的。幾秒前我決定在谷歌（Google）搜尋「西藏性觀念」。在零點三二秒內便找到三千四百五十個網頁。互聯網是祝福；也是咒詛。如果我真的想認識佛教的性哲學，我怎知道這數千個來源中哪些是權威？

因此你和我被困於資訊高速公路那嚴重的交通擠塞中，那裏充滿不能使用的資訊。而雖然資訊爆炸這個複雜問題是那麼巨大，它仍然是我們對著模糊的鏡子觀看時，最不重要的因素。生命中複雜得多的是罪的結果。人們說人心太錯綜複雜，以致不能讓人認識。我們不完全明白自己的動機，更不要說別人的心。關於對我們最重要的事情，我們永遠都不能完全清楚，因此我們跌跌撞撞，希望隨著時間過去，一些塵埃會落定，我們會看得清楚一點。不過，我們應該感到安慰，即使耶穌在復活後，回去教導門徒發生了的事情有甚麼意義時，十一個門徒仍然感到迷惘。只有從天堂的角度看，上帝的計劃才會變得完全清楚。

並非所有複雜性都是複雜的

有時領袖容許表面的複雜，模糊了實際上頗為簡單，但確實艱難的決定。例如：多年以前，我們的行政隊伍為一次沒有依足必須程序的聘請而掙扎。我們十分需要填補那個空缺，但申請人卻很少。聘請那個新職員的人沒有經驗，他也感到來自其他人的壓力，要盡快填補那個空缺。

新聘請的人並不合適，她第一天幾乎僵硬地坐在辦公室裏時，每個人都知道她不適合這份工作。嘗試幫助她發揮潛能的努力，卻遇到有禮的疏遠和緊閉的門。我們留她在崗位差不多整整一個月。那對她和與她共事的人都十分糟。

惟一人道和明智的選擇是盡快讓她離職。但我們沒有這樣做，因為似乎有很多互相競爭和複雜的問題。她是個與我們合作的人的好朋友。她的前任僱主給她很好的評語。因此我們以為她或許能夠調整一下。我們十分需要人填補那個空缺，考慮到沒有更好的人選申請，可能要重新開始招聘令人畏懼。沒有人想承認我們犯了錯，沒有人對接著應該怎樣做有更好的想法，我們也擔心如果我們辭退新職員會影響其他職員的士氣。我們有很多因素需要考慮。但決定本身是簡單的：她需要離開。

我在治療時往往聽到受助者說：「我不知道」，但他們的真正意思是「我不**想**知道」。同樣，如果一個情況夠複雜，我們領袖往往感到那事情的困難令我們發瘋，容許我們不知道，因此也不行動。

選擇迷惘而不行動，可以是逃避艱難但簡單的決定的計策。問自己：「**我是否知道應該怎樣做，但只是不想那樣做？**」總是明智的。這是可以理解的，因為如果包含不能夠確定接著會有甚麼事情發生這個因素，即使是簡單的決定也是可怕的。

透過鏡子混濁的部分觀看

除了我們往往延遲或完全避免的簡單決定外，還有真正複雜的環境，是在任何機構或事工裏都會出現的。而每當過去、現在和將來有衝突時，情況或決定便會變得複雜。

過去：互相競爭的網絡

我們每個人都根據現存的架構詮釋資料。例如：當我在差不多下午四時寫到這裏，我聽到有人進到屋裏。通常我的兒子是在這個時候下課回家。前門以青少年的力量給打開時，我喊著說：「安德魯（Andrew）？」我太太回答我，雖然她的聲音很平靜，但我知道有些事情令她不開心，因為她通常不會這樣緊張地開門。我預期是兒子，但實際上是我太太。我們總是從過去建立的參照框架來解讀現在，從而預測將來。我以為兒子回家，這次是錯了，但有了新的資料在手，我準確地確定有些事情困擾著我太太。

我們用來詮釋現在的框架似乎失效，或者另一個框架爭奪支配地位時，便出現複雜性。這是教會出現複雜性的其中一個最常見成因。思考一下其中一個牧者要被辭退，但也需要被挽回。我們往往覺得必須將一個不合適的人留在崗位上，而在商業世界，那個人會毫不猶疑便被辭退。但在教會我們繼續與他「合作」，因為在很多圈子中，挽回被視為比才能更重要；而尤有甚者，挽回往往被界定為令人保住他們做得不好的工作，直到他們在壓力下倒下或辭職。不過，由於某些原因，我們拒絕看到，挽回可以由辭退一個不合適的僱員而達致。

讀到這裏時，你可以聽到對辭退他的各種反對理由：

「但我以為你是委身於關係」或「我以為我們好像一家人」。一個植堂的人以關係是最重要這個核心架構來運作，後來他發覺自己面對一個情況，一段長期的友誼和他教會的牧養需要，產生了衝突：

> 我與我最好的朋友建立了一間教會。大約九個月後，我發覺他在實行自己的職責方面有困難。最終我明白，我需要要求他離開。那是我做過的最艱難事情。我最害怕的是失去他的友誼。我不想與他對抗，但我知道為了教會，我需要這樣做。我非常掙扎，這教會是否值得我失去十二年的友誼。
>
> 我記得我在一間餐廳見他。我面對他時感到顫抖和緊張。我為自己需要說甚麼寫了一個大綱。我深呼吸，禱告，然後開始。那談話十分艱難，但卻進行得頗好。我給他兩個星期考慮能否勝任那工作。兩個星期完結後，他明白那工作是他應付不來的。不過，那危機動搖了我的信心。這件事在兩年前發生，我仍然因為那件事而感到迷惘。他離開教會，這令我心碎。這也影響了我的神學。教會真的值得令這樣的關係破裂嗎？如果教會真的是關乎屬靈關係，為甚麼我們那麼難融洽相處？

當一種思想生命的方式開始崩潰，或者與另一種看現實的方式競爭時，我們會經歷十分複雜的時期。因此，不斷問：「**我用甚麼鏡片來解讀現實？**」是十分重要的。

現在：含糊

我使用的鏡片來自過去形成的框架，但我用它來「觀看」現在。觀看不是被動的行動：於過去形成的框架，在模塑我們現在看見甚麼和怎樣看那事物方面，扮演積極的角色。例如一個住在一間好酒店的中年男子，在八樓進入升降機到大堂。他和在七樓進入升降機的年青女子看事物的方式並不相同。他可能只是僅僅留意到誰在升降機內；她則一定會留意到，而且會找一個空間，讓自己感到與窺探的眼睛或暗中摸索的手保持最安全距離。那個男子從不會想到自己的個人安全；但那個女子卻視安全為首要的事情。

心裏記著那個說明，我們必須謙卑下來，問一個往往沒有處理的問題：**在這個情況下，我看不見甚麼？我以甚麼框架加諸我的世界，以致不能看得更全面？我的種族、社會經濟、宗教、國家或經驗的框架有甚麼偏見，令我對自己的情況盲目？**這些問題可能不能立即打開通往新觀看方式的大門，但那努力會提醒我們，我們看人或情況的典型方式，可能不是事實的全貌。我們的框架迫使我們視某些資料為首要的，而其他事情則沒有那麼重要。我們總是在打賭，以為我們看到的，足以給我們現實的真正圖畫——而我們通常都輸。我們看不到存在的一切，我們看到的事物往往被我們操作框架的偏見扭曲。如果不是這樣，我們便會無所不知。

除了這一切外，還有真正重大的問題：我們討厭含糊。與我們一小時前看問題的方式互相競爭或有衝突的資料，迷惑和困擾我們。我們不想放棄我們喜歡的陳規、原則、信念——因為那樣我們便會被迫說：「可以是這樣，或那樣，或我仍未指出的情況。」一個領袖承認，只在新資料提供一條脫離混亂的出路時，他才歡迎新資料：

> 我往往以簡單來應付複雜性，因為我厭倦了張力。我不喜歡含糊。我知道那是現實生命的一部分，但我仍然不喜歡它。我感到失控時，我祈求自己會跪下來，降服於不缺清晰的那一位面前。我樂意不按常規思想或聆聽好像這樣的觀念，若它們令那複雜性顯得有意思，或者至少可以幫助我應付它。

我們討厭含糊時，往往選擇一個似乎正確的解決方法，但它可能只是延續現狀。而且，如果我們要求任何新的思考方式都減低領導的「工作」（簡化），我們便不能進入混亂，嘗試透過新的鏡片觀看。我們只是祈求解決辦法時，是欺騙自己，錯失成長的機會。尋找我們需要的框架——如果我們希望作最好的決定，並令機構走向未來——一定會邀請我們進入混亂，忍受不確定。

將來：不確定

我們討厭含糊，因為我們討厭感到失控。如果我們確定地知道，根據一些外在的標準，我們所做的是「正確」的話，我們便可以鬆一口氣。我們可以懷著信心進入混亂，面對每一個艱難的決定。

我有時問領袖：「如果你預先知道事情不單會很好，而且有天會被視為你其中一個最大的成就，你對這情況會有甚麼感覺？」大部分人的答案都是「放鬆」、「自豪」或「喜樂」。如果預先知道有好的結果，我們便可以懷著信心進入每個艱難的情況。但複雜的情況出現時，恐懼和混亂令我們不會預期有好的結果。

過去不能給我們確定的引導，現在的資料又不完整、互相矛盾，並因為我們的偏見而有偏差時，將來便相信是人人都可爭取的。在這樣的時刻，我們往往傾向僵化，收窄選擇，假裝將複雜性簡化。我們十分想相信那空洞、有關確定的承諾。

僵化：教條主義的性格弱點

教條主義向我們保證，在我們不在意細看前，我們已經知道答案。表面看來，這種取向似乎令生命更簡單，但它幾乎總是將我們引向錯誤的方向。

畢竟教條主義不是關乎我們相信甚麼，而是我們怎樣持守那些信念。第二次世界大戰後，人們進行了很多研究，嘗試明白極權、暴虐的意識形態和政府興起的原因。人們發現法西斯的暴君，和共產主義的煽動家之間的相似多於不同。他們的信念互相矛盾，但他們的性格和領導方式幾乎完全相同。

同樣，固執己見的宗教基要主義者和固執己見的無神論者之間，比前者與跟他們有共同信仰，但尋求對自己的信念有更清晰觀念的人之間，有更多相似之處。互相矛盾的意識形態之間的共同連繫，是僵化或拒絕向新信念保持開放，和理解舊信念的新方法。

僵化是拒絕用新的框架；這種思想方式限制選擇和含義的範圍。要澄清的是，相信耶穌的肉身從死裏復活並升天，並不是教條主義。不過，以為你已經知道和可以限制這些信念包含的意義範圍，卻是教條主義。例如：我們對道成肉身的理解，怎樣直接影響我們身為中產階級的消費者，在面對廣泛的貧窮時怎樣生活？以為我們明白道成肉身的意義是自大，更不要說以為我們發掘了它對敬虔生活的意義。

思考一下這個僵化的例子，以及它對工作地方的影響。以下電郵來自一個平信徒輔導員，他本身參與教會的輔導事工。這封電郵描述當領袖陷入一種解決辦法，是沒有考慮其他必須的框架時，有甚麼事情發生。

我們的主管瑪麗（Mary）是治療師，她全時間見接受輔導的人，因此她很少時間與我們談論我們輔導的對象。可惜她不想事工中有其他專業人士參與，因此她是惟一督導和訓練我們的人。

四個月前，在每月的例會上，我們輔導員公開表示關注我們的訓練和督導。有人表示渴望其他專業人士和講員來我們的會議，指導和輔導我們。人們說出他們感到缺乏時，是仁慈和誠實的。我們可以感受到那張力，但至少我們在說話，而不是過分挑剔。在一個時候，一個平信徒輔導員問主管，她認為自己在行政方面是否有效率。瑪麗認為這是攻擊，於是為自己的領導辯護。

長話短說，那個問瑪麗這問題的人被免除這事奉。瑪麗感到他的恩賜用在其他地方會更好。她補充說自己與他一直都相處不來，辭退他與他在會議上說的話無關。

瑪麗辭退那人這事成了催化劑。在接著的會議，她不容許有任何時間討論事情。我有點氣惱，問瑪麗為甚麼我們假裝一切都很好，並問她我們可否好像一個隊工那樣談話。她拒絕，表示沒有足夠的時間。我們問瑪麗可不可以在主日下午和她見面，她說可以。但會面前幾天，瑪麗吩咐祕書打電話給我們取消會面。然後我們又收到一封信，通知我們，她取消今年餘下的每月例會，她想與我們個別地會面，與我們建立關係。現在教會的長老和職員也涉及其中。瑪麗感到被出賣；感情受到傷害。

那是一團亂麻。對我來說，可惜的是我個人喜歡瑪麗，我知道她幫助了很多人。我打過電話和寫過信給她。她真誠地相信，那隊伍分裂是因為她辭退的人的態度為整隊人帶來太多「負面的東西」。正如所有故事一樣，事情要複雜得多。

很明顯，瑪麗不是被這事工中的衝突打垮，她明顯也沒有深入看自己眼中的梁木。但還有另一個問題：她選擇了僵化。她藉著將問題定為負面的事情而爭取控制。她認為她的職員中有一個害羣之馬，因此只是將害羣之馬除去，揭露那污染，然後透過個別地與職員交往來重建信任。瑪麗對她辭退的人的看法可能是對的，但相比她似乎願意進行的，問題需要遠為複雜的分析。

僵化總帶來「我們對他們」這種心態。每當你看到兩極化——好／壞、對／錯、左／右——你便知道真正的問題被簡化了。人們運用黑白分明的教條主義來試圖避免複雜性。沒有值得思考的問題可以被化約為兩極來如實理解。我們需要更深入和廣泛地探索。

領袖以二元來看任何問題或人時，便接受了教條主義和僵化。這種領袖最好問自己，自己在逃避甚麼，為甚麼自己避免追求更深入的思想。

愚蠢：通往深度的轉捩點

領袖一定是蠢人，而蠢人既不受傳統束縛，也不受有權力的人命令。蠢人在邊緣和邊緣以外生活；他打破界限。使徒保羅支持這種愚蠢。他寫道：

> 因為十字架的道理，在那滅亡的人為愚拙；在我們得救的人，卻為上帝的大能。就如經上所記：
>
> 我要滅絕智慧人的智慧，
>
> 廢棄聰明人的聰明。……
>
> 上帝卻揀選了世上愚拙的，叫有智慧的羞愧；又揀選了世上軟弱的，叫那強壯的羞愧。上帝也揀選了世上卑賤的，被人厭惡的，以及那無有的，為要廢掉那有的，使一切有血氣的，在上帝面前一個也不能自誇。但你們得在基督耶穌裏是本乎上帝，上帝又使他成為我們的智慧、公義、聖潔、救贖。[1]

上帝將期望、範式和人的智慧顛倒過來。祂揀選愚蠢和軟弱的，藉以顛覆我們驕傲這種自然的傾向。領袖的智慧不能既是傳統的，又仍然完全是基督教的。聖經智慧的本質是它不能被納入任何結構、團體或宗派之下；因此任何僵化地界定和控制真理的嘗試，都好像嘗試用手盛水一樣。真理總會抗拒被放進緊密、連貫、可控制的系統中。

一個明智的領袖討論混亂、控制，和上帝與我們交往的

「愚拙」方式之間的互動。他寫道：

> 我**知道**我不能控制任何事物，那些似乎有這種能力的人，以操控和／或虐待的行為付上很大的代價，這是我不會做的事情。我們渴求的控制是個幻象，最終，甚至連上帝自己也並非總能夠在這個地球實行祂的旨意。如果祂能夠的話，聖經便不會勸我們祈求「願你的國降臨，願你的旨意行在地上」。在艱難的時刻，我需要離開合乎邏輯的程序，轉向主可能似乎憑空放進我意識中的事物。還有另一件事。這種事情發生時，往往是對上帝反諷的幽默感的一種經驗。

領袖－蠢人自由得足以在傳統和慣常智慧以外運作，但又聰明得可以利用任何聲音，無論它有甚麼來源。而其中一個最好的來源是敵人的視角。如果我們可以向他們學習，便可以從任何人得益。敵人想以有偏見和往往是殘忍的話傷害我們。但很多時候，那攻擊以足夠的真理開始、結束或加入其中，令那攻擊可信，也令那些傷口值得留意。

但我們通常喜歡很容易得到的視角；我們接觸表面的東西，而不選擇更深入的事情。我們往往不聆聽敵人，甚至不聆聽站在我們這邊，但十分不同意我們的人，因為考慮到他們的話會引起太多麻煩。我不建議以與敵人坐在一起為日常的習慣，但你偶然可以從他們學到很多關於自己的事情。

領袖－蠢人不害怕混亂或對抗。她不倚賴僵化那虛假的保障。畢竟，情況愈含糊，領袖愈可能需要放棄行之有效的方法，向應付困難的新、更深刻的方法開放。每次遇到對於我們情況的不同觀點，都會提供新的資料、更清晰的主題或更多可供選擇的路。我們向多個視角開放自己的思想時，便會得到智慧。無論我們是向敵人學習，讓敢言的批評者評估我們的觀點，或者無情地衡量我們的框架，結果都是更大的彈性和新的思考方式。一個領袖將這種努力變成正式的過程：

> 面對複雜的情況時，我很有邏輯和分析能力。我嘗試從宏觀和微觀層面解構問題。我透徹地思想那個困難，嘗試找出問題所在。然後我忘記自己對那個問題假設和決定的一切，嘗試以一整套完全不同的假設和結論對待那個問題。這樣做很多次，我便能夠看到，本來永遠都不會變得明顯的答案和解決方法。

箴言告訴我們，智慧是在多個導師那裏找到。不是多個應聲蟲說著大致相同的話。在不和諧——互相衝突的觀點和意見中，可以出現新的綜合。如果我們要以新的亮光看一個困難、人或過程，我們便需要混亂及不和諧。

記得對平信徒輔導事工的領袖瑪麗的描述嗎？「人們說

出他們感到缺乏時，是仁慈和誠實的。我們可以感受到那張力，但至少我們在說話，而不是過分挑剔。」預期的張力存在，但瑪麗放棄大家需要的討論，選擇個別地會見各人，讓她可以嘗試控制混亂和傷害。

領袖－蠢人會走過合宜的界線和對受傷感受的害怕，容許問題浮現。領袖－蠢人會負責帶領，將分歧的觀點帶到議事桌，與每個視角為友，藉以接受可以學到的一切。領袖－蠢人會容許混亂生出創意，會向羣體的所有成員開放那個過程，他們都參與決定。聆聽一個牧者怎樣處理透過複雜去領導的任務：

> 做我懂得做的事情，幫助我找出以下步驟。那就好像在黑夜開著車頭燈駕駛。我不能夠告訴你，我面前五百尺有甚麼東西，但我可以看到面前的二百尺。我行駛時，最終看到以前看不到的東西。
>
> 我放手讓別人領導和事奉時，與控制有關的問題也變得容易處理。我找到比我更有資格的人，他們更明白手頭的問題，以及我們教會的目的，我尋求他們的智慧、引導和指導。在框框以外思考，最好以獨處的時間來平衡，通常是在放鬆、做運動或閱讀時，並向指導開放。然後解決辦法便出現。聚集一班人富創意地進行幾節意見匯集，也可以提供解決複雜問題的步驟。

創意：向意義開放你的心

情況愈複雜，我們愈傾向訴諸分析。分析一件東西表示將它分解，直到我們得到一種理解，是我們相信能夠容許我們預測、管理和控制那個困難的。但混沌理論提醒我們，每一個量度——更不要說控制——一個現象的努力，不單改變那個現象，也將它推向不能預測的方向。控制是白癡，而不是領袖－蠢人的職責。

因此我們需要與混亂共舞，而不是分析。與混亂的不知共舞要求一種信念：在我們積極地降服於微妙、奧祕和驚歎時，便會找到秩序深刻、不可見的模式——極度不受我們控制的模式。如果我們想成為領袖－蠢人，我們必須深深地跳入那不可見，與混亂共舞，直到秩序出現。

想像一下活出這個信念：在混亂的污穢中找到最好的創意泥土。一個牧者很好地描述，以開放的心生活在混亂中的張力和榮耀：

> 我們渴望在我們的崇拜元素中有組織和創意，並提供多樣化，但我們有些人來自較以音樂為焦點的傳統，他們希望樂隊更大，聲音更響亮，對我們所做的事情來說也更為重要。另一些人則寧願我們不唱歌。不同的意見沒完沒了。身為領袖，我的角色是找出一些方法，讓所有人都可以在崇拜中經歷上帝，保持他們大家是羣體這種感覺，並幫助模塑我

們在一起的時間的方向。有時我感到自己好像嘗試拿穩一把著火的鏈鋸。

這是對領導的混亂的最好描述：「拿穩著火的鏈鋸」。難怪我們寧願關掉鏈鋸，將火潑熄。但這樣做，做成只有一種「風格」的單調和僵化。這種取向雖然提供秩序，但卻以一種方法，為固有的最好或惟一正確的方法。

如果我們想有比只有一條「正確」的路更好的東西，我們必須尋求別人的貢獻，他們會幫助我們找到，與我們自己想到的不同的路。不過，要留意這完全不是尋求共識的練習。我們並不以達成完美和一致同意的計劃，然後才前進，去管理複雜性。很多領袖想有秩序和全面的同意才去冒險。但真正的創意要求以冒險，作為新的和諧出現的先決條件。用拿穩著火的鏈鋸的牧者的話來說：

我發覺創造一個環境，讓創意和違反直覺的思維得到重視，同時容讓在事情不如我們期望那樣時，有更大的恩典。在我們處理崇拜的經驗中，有很多個星期，對任何人而言，事情似乎都不妥當的。那些星期出現時，我們承認失敗，並繼續前進。羣體中的人都知道這是我們身分的一部分，而這是沒有問題的。

領袖－蠢人知道，上帝的方法不是傳統或明顯的。如果上帝的方法傳統或明顯，我們只需要舊約的律法便可以好好地在這地上生活。但在上帝的國中，我們以恩典運作，那是顛倒的邏輯，既是理性，又是弔詭。

爵士樂為恩典提供了一個深刻的例子。爵士樂家不單在彈奏他們想彈奏的任何音符。他們沒有放棄邏輯、結構或理性。那藝術在於音樂家的基本演奏技巧，令他們不單與樂譜打交道，也彼此交往。

嚴格依從規則只會維持現狀。領袖－蠢人知道規則，如果他選擇的話，也可以嚴格跟從樂譜演奏，但他明白大部分複雜性都不會順從我們對秩序的要求。我們試圖強加秩序，控制情況時，得到的只是新的無序。

領袖－蠢人也知道，混亂打開一個通往機會的大門，讓我們順從一種新的聆聽和接受，要求我們認識其他演奏者──他們獨特的技巧、特徵、弱點和長處。然後從聆聽和接受的練習，以及從無序的碎片創造，這個隱含的號召中，對意義全新和更深刻的發現便會浮現。

不過，那發現總是不完整和暫時的。它不是答案，但卻是寶貴和新的觀點，可以從那裏肯定機構或事工需要一再處理的核心問題。大部分機構想要的是清晰──取消含糊，並保證一個計劃一定行得通。但活出和呼出信心的蹣跚領袖不會提供這些限制。相反，她提供開放的園地，讓人在上面玩耍和失敗，重新表達和重新設計。由混亂帶來創意的這個過程，邀請我們向上帝降服，祂以新的混亂尊崇所有創意，並給予機會一再重新創造。領袖－蠢人感謝複雜性，因為她知道這樣可以令隊工謙卑下來，揭露控制成了他們的偶像，邀請他們以更大的深度聆聽，向上帝顛倒、古怪和弔詭的方式，開放他們的心。

註　釋：

1. 哥林多前書一章 18 至 19、27 至 30 節。

第七章

再沒有傻瓜

與出賣搏鬥而不致成為蠢人

我又轉念，見日光之下所行的一切欺壓。

看哪，受欺壓的流淚，

且無人安慰；

欺壓他們的有勢力，

也無人安慰他們。

因此，我讚歎那早已死的死人，

勝過那還活著的活人。

並且我以為那未曾生的，

就是未見過日光之下惡事的，

比這兩等人更強。

我又見人為一切的勞碌和各樣靈巧的工作就被鄰舍嫉妒。這也是虛空，也是捕風。

對寧願要簡單的解決辦法，這種更容易消化的牛奶的世界來說，傳道書是厚厚、血紅的肉。如果作者是準確的話，大部分領袖的推動力不是貪心，或甚至不是權力，而是妒忌。說人們為了「綠色」而活並非不準確，但那綠色不是金錢，而是妒忌。（譯按：作者用綠色來指金錢和妒忌，因為美金鈔票是綠色的，而英語有 green with envy 這句習語。）

這一章開始的經文提出，弱者受壓迫是因為妒忌，受壓迫的人得不到安慰也是因為妒忌。事實上，要忍受一個因為妒忌而變得瘋狂和殘忍的世界，倒不如從沒有出生。妒忌令人心變得像野獸——好像一隻驢。

留意傳達給那些有權勢的人的艱難信息：如果你向別人運用權力和權威，你很可能是壓迫者。我們領袖看到別人擁有的東西，產生妒忌，然後試圖奪取時，便誤用我們的權力。妒忌產生，因為我們不為上帝怎樣設計我們的世界，或者祂給我們的祝福而心存感激。妒忌來自一種不足和空虛的感覺，植根於我們所受的傷。一個人愈受空虛和不足驅使，便會變得愈自我中心和暴戾——他也會為世界帶來更多壓迫。

如果領袖不能夠處理自己所受的傷，便會墮進妒忌和壓迫中。正因為這樣，身為領袖，我們必須看到簾幕的背後。

出賣：妒忌的傷口

妒忌，不是貪心的一個好聽字眼。由貪心推動的人通常不會選擇作領袖——而會搶劫銀行。領袖往往是受傷的人。

他們感到需要糾正、修補他們過去承受的苦難。這聽起來很高尚，而且往往也是這樣，直到他們承受出賣的新傷口，原來的傷害重複出現。這樣那令人討厭的事情便開始了。

沒有面對傷害，或不承認自己為了保護自己而建立防衛的領袖，可能變得殘忍、有防衛性、貶低別人、自大、在情感上孤立自己，甚至會沉迷於以性傷害別人 —— 反映出一些我們連繫到**自戀**的特性。那人的領導地位愈高，他便愈可能有自戀的特點。但權力比較小，甚至是沒有正式領導地位的人，也經常有這種情況。

不過，大部分領袖都有重要的被出賣經歷，驅使他們抓著領導的繩索，但諷刺的是，領袖的角色保證他們會被出賣。在領導的過程中受到傷害是那麼能夠預計得到，以致成了家常便飯，但它們的影響卻是災難性的。讀一讀以下這些領袖的故事，想像一下忍受同樣的心痛會是怎樣的。

> 我在教會的日子快將結束時，主任牧師、他太太和他們周圍的人說了一些關於我的謊言。主任牧師的太太每星期都有幾次在凌晨三時醒來，感到情緒不穩定時便打電話給我，高聲向我提出指控，直到我要將電話的插頭拔掉。

> 在我第一間教會裏，一羣比較年長的女士不想有女牧師。無論我做甚麼，她們都不滿意。我嘗試聆聽

和還就她們，但仍然沒有用。她們攻擊我個人，嘗試將我趕出教會。

人們多次投訴我的領導。可惜那些投訴都不是向我，而是向我服事的人提出。我感到被出賣，特別是因為那些說我壞話的人面對我時很友善，並且稱讚我。我要從別人口中聽他們的負面評價。

我在一間地方教會獲選為平信徒領袖。出賣我的是我信任的牧師。我誠實地向他承認自己的不足和失敗，他利用這些坦白的話來判斷我的品格，並用作證明我不應該擔任領袖的證據。

出賣是種很深的心理傷口，令心對哀傷變得堅硬，不再渴望親密。哀傷應該開放我們的心，最終令我們接受別人的關心。但如果我們除了哀傷外，還感到深刻的羞恥又怎樣呢？羞恥令我們與別人，和他們可以在哀傷中給予我們的安慰疏遠；羞恥也令人憎恨與別人連繫的內在渴望。

出賣主要有兩種形式：遺棄或傷害。提出與兒子或女兒玩拋球，然後聽電話後又忘記了的父親，令孩子失望。如果這個模式一再出現，父親又不努力修補破裂的關係，他的孩子會剛硬起來，對抗更多失望。缺席的父親製造一種父親的傷口，在深處流血，而那傷口往往因為受害人決定減少關心而縫合起來。但一個人愈不關心，他的心便愈剛硬，他便愈堅決不要與別人交往。任何刺激他渴望與別人連繫的嘗試，都只會令人感到無望和無意義。

傷害是一種更糟的出賣。對孩子施行身體、性或情感虐待的母親，或者容許虐待持續的母親，都遺棄了自己的孩子。這種母親令孩子渴望良善和保護，但卻給孩子一條蛇。孩子的憤怒深深地印在心裏，對抗被利用後給丟棄而產生的羞恥。傷口是很難治癒的，而且往往隱藏在無懼和獨立之下。如果領袖尋求以傳統的方式領導，無懼和獨立便是領袖兩種最有力的資產。

現在思考一下，這樣造成那種似乎是不可能避免的領導陷阱：典型的追隨者想要的，是保護他們免除恐懼和有自己選擇，他們可以在自戀的領袖身上找到這些東西。自戀者的無懼給她能力勇敢地對抗侵略，她的獨立容許她在沒有關係依附的麻煩下作決定。她給追隨者他們尋求的力量和基礎。

但從你的受傷來領導，對追隨者來說是一把兩刃劍。我曾經和一個自戀的領袖合作，她不受批評影響，會吞吃任何與她爭奪寶座的人。她十分擅長看出下屬的恐懼，並利用這種「同情」來鞏固一些下屬的忠誠，同時令下屬互相對抗。她喜歡的手段是「感受」下屬的痛苦，然後提出機構中某人引致那痛苦，或者對那掙扎毫不敏鋭。她成了安慰和解決方法的惟一來源。下屬很少甚至完全沒有得到鼓勵去處理問題，或者承認自己有份造成那問題。簡單來説，自戀的領袖通常十分擅長閒言閒語的藝術，辨公室政治的動力，以及挑撥和征服的策略。

自戀的人由空虛和孤立推動，製造偶像崇拜的文化。這種自我專注的領袖喜歡有人全面和完全被他的榮耀吸引。難怪領導那麼富吸引力。它提供其中一個最好的機會，讓人擁有權力、控制和諂媚，但只是維持一段短時間。出賣是肯定的。

每個人都是自私的，有時也是自我專注的，但領袖超越了正常的水平，因為他們更早和更深地受到傷害。結果他們與自戀搏鬥。他們經歷的空虛愈大，愈長時間不能謙卑地指出他們要成為偶像，會運用愈多權力去迫使別人諂媚他們。自戀的領袖傾向冒更多險，比天份較少的同事帶來更大的結果。尋求安全的應許和歷險的引誘的追隨者走向自戀者那邊── 直到那代價提高，而好處減少。自戀的領袖是下屬結合失望和憤怒的完美陪襯。

當那齣戲不再有趣時，追隨者便以引誘他們去追隨他的夢的領袖，為代罪羔羊。他們開始閒言閒語的運動，以及其他被動－侵略性的游擊策略，將領袖清除而不致令自己冒太大風險。由於他們覺得受到很深的傷害，領袖在他們眼中顯得十分可怕，這種取向似乎是合理的。自戀的領袖則反過來決定不再關心那些暴民想要甚麼。總有另一間教會或機構需自戀者提供的東西──一張回到伊甸園的門票。

與我合作的自戀領袖最終被事工放棄，但她在面試時有資歷、能言善道、富魅力和熟練。在一個月內她便找到另一份配合自己專長的工作。辭退她的委員會害怕有法律訴訟，所以她的新公司沒有人知道這個新的行政總裁的空虛和暴戾。有時自戀的領袖似乎在統治世界。

自我專注：自戀的品格弱點

自戀者這個詞往往用來指一等討厭的人——自私自利、粗暴和自我專注的人。但自戀的形式好像色譜上的顏色那樣多。我們可能可以辨別出最不吸引和最惡毒的自戀形式，但我們往往看不見較不明顯的例子。

自戀是一個連續體。在一端是十分殘忍、可憎和有力的人。在連續體更遠的地方，你會經過甲型、暴君般、以任務為導向、不惜任何代價都要贏、充滿野心的領袖。在另一端，你會看到內向、優美、精英的完美主義者。任何形式的自戀都涉及以下四方面：

1. 對別人的看法缺乏興趣：**為甚麼我要問別人問題，除非我可以利用那個機會告訴她我知道甚麼？**這是好奇心的失敗。
2. 十分武斷：**即使那些同意我的人也不明白我看到甚麼。**這是謙卑的失敗。
3. 在感情上抽離：**感受是有害的，因為這表示脆弱和容易屈從於別人的渴望。**這是關心的失敗。
4. 徹底地功利：**你的價值完全連繫於你為我帶來甚麼。**這是尊重的失敗。

雖然自戀有這些傾向，但今天很多人都讚賞它那些沒有惡意的形式，視之為偉大領導的基礎。《自戀式領導》（*The Productive Narcissist*）的作者麥科比（Michael Maccoby）論證說有遠見的領袖（意思是自戀）明顯有兩種核心質素：「真正自戀者是這樣的人，他們（1）相信應該做某件事時，不聽任何人的話；（2）對事情應該怎樣做有具體的看法。」[1] 麥科比讚賞富生產力的自戀者這種有遠見的推動力、無懼、魅力和忍耐，他們不受主流的範式或羣眾一時的念頭控制。他們很可能是很糟的丈夫、妻子、父母和朋友，但你究竟想有一種令人舒服的好感覺還是成功？

問題是，成功不單是關乎控制混亂和令軍隊有好表現。在信仰羣體，成功要求你根據呼召我們效法祂的那一位——耶穌——來模塑你的品格。自戀的反面是耶穌，而任何獲重視的領導模式——即使是世俗的僕人－領袖觀念，都必須避免所有形式的自戀，無論是有害還是善意的。

真正的成功涉及失敗、破碎和謙卑，但自戀者拒絕這個觀念。謙卑和羞辱太相似，這令人記起他們過去承受過的出賣。自戀者一生都藉著拒絕需要別人，而避免再受到出賣。但出賣是不能避免的，即使是努力與別人連繫、分享權力和提高下屬能力的領袖也不例外。總會有人最終對抗領袖。正如那可悲和犬儒的主張提醒我們，沒有好事不會受到懲罰。出賣是肯定的；不確定的是我們會怎樣接受出賣，並利用它令品格成長。

不情願：得安息的轉捩點

思考一下先知約拿的生命。上帝使用約拿令祂的子民清醒過來，他是著名和深受尊重的領袖。但後來上帝呼召他做一件很差的事——向他最討厭的人傳悔改的信息。那就好像勞夫羅倫（Ralph Lauren）蒙召歡迎沃爾瑪（Wal-Mart）一樣。這樣，勞夫羅倫逃到里維埃拉（Riviera）也是完全合情合理的。

約拿逃到他施，逃避向他憎恨的尼尼微人作先知的羞辱。在中途他被拋進海中，被一條魚吞去，隨便地吐到岸上。他不情願地向尼尼微人傳道，而他們悔改。但約拿沒有因為這一切而謙卑下來，也沒有感到高興，而是變得陰鬱和憤怒。約拿和上帝之間的對話，是聖經其中一段最自我專注的談話：

> 這事約拿大大不悅，且甚發怒，就禱告耶和華說：「耶和華啊，我在本國的時候豈不是這樣說嗎？我知道你是有恩典、有憐憫的上帝，不輕易發怒，有豐盛的慈愛，並且後悔不降所說的災，所以我急速逃往他施去。耶和華啊，現在求你取我的命吧！因為我死了比活著還好。」[2]

憤怒的先知－領袖寧願死也不願意謙卑。他拒絕將上帝的愛給予叛教和他鄙視的人。他逃避上帝，暴露了他深深並持續憎恨上帝對罪人，對那些出賣祂、背離祂的人那奇特的愛。我們也有約拿的掙扎。上帝呼召我們活出祂的愛，但我們是平凡、充滿罪的人。我們憤怒地逃避上帝，顯示我們心胸狹窄、黑暗和自我專注的殘忍。它可以令我們謙卑。我們最終可能完全明白我們沒有恩賜、平和、權力及能力，不能要求尊重和服從。現在所有子民都可以看見沒有穿衣服的國王那肥肉：我們被揭穿了。

在約拿的情況，正如在我們的情況一樣，還有更多事情要學習。一刻的揭露永遠都不足以改變我們。只有一再與我們憤怒的逃避相遇，我們才能夠成長，以及正如我會解釋那樣，我們才能夠安息。約拿的故事繼續下去：

> 於是約拿出城，坐在城的東邊，在那裏為自己搭了一座棚，坐在棚的蔭下，要看看那城究竟如何。耶和華上帝安排一棵蓖麻，使其發生高過約拿，影兒遮蓋他的頭，救他脫離苦楚；約拿因這棵蓖麻大大喜樂。次日黎明，上帝卻安排一條蟲子咬這蓖麻，以致枯槁。日頭出來的時候，上帝安排炎熱的東風，日頭曝曬約拿的頭，使他發昏，他就為自己求死，說：「我死了比活著還好！」上帝對約拿說：「你因這棵蓖麻發怒合乎理嗎？」他說：「我發

> 怒以至於死，都合乎理！」耶和華說：「這蓖麻不是你栽種的，也不是你培養的；一夜發生，一夜乾死，你尚且愛惜。」[3]

約拿造了一個地方休息，上帝透過一棵蓖麻的遮陰令他更舒適。但約拿珍惜那蓖麻時，上帝卻殺了它。這是懲罰人和變化莫測的宙斯（Zeus），還是十分認真、又好玩耍的上帝，祂喜愛救贖多於生命？

自戀者相信世界是被操縱來傷害人，因此她致力取得有權力的地位，藉以保護自己免受更多出賣。但她事奉的上帝藉著毀掉她自戀的夢，而誣陷她、利用她、出賣她。上帝只是邀請自戀者憤怒或休息。憤怒會令聲音沙啞，門框震動，手上沾血，但卻不會改變上帝奇特的心。

自我專注的領袖必須面對自己的恐懼和愚蠢，藉以從妒忌變成不情願。逃跑的好處，是它放大我們自己無力逃跑這事實。逃到天涯海角——同一場內在戰爭和與上帝的同一場戰爭仍然繼續。惟一的改變，是現在戰爭在新的地方進行。自戀者永遠都不會藉著將自己的意志強加在別人身上，或者以自己的憤怒威嚇別人而找到休息。當然，上帝是不能夠被統治或威嚇的。

我們都對上帝感到憤怒，但自戀者停留在那裏。他們在憤怒中令自己筋疲力盡時，便爬到一旁舔自己的傷口。他們攻擊任何接近他們的人，但卻不再理會上帝。蹣跚的領袖卻不同：他會繼續，一再撞向不會後退的上帝。要記得，只有一再經歷我們憤怒地逃避上帝，我們才能夠真正找到我們尋找的安息。

上帝邀請憤怒的人倒在祂愛的臂彎內。我們不再堅持逃跑，發現上帝正在等候我們時，便得到安息。但沒有降服，安息便不是真正的安息。對自戀者來說，降服等於幼嫩和無助；它是回到原本被出賣的傷口，帶來憤怒和控制。我們最終必須與上帝面對面，因為祂的仁慈而心慌意亂。只有那時我們才會降服。

我在這章較早時提到的女自戀者最終被逮著。那不是因為更多工作上的衝突，雖然這樣的衝突確實繼續下去。她被父親的死逮著。他以前不單性侵犯了她，也將她放在座上，既崇拜她，又貶損她。他邪惡地利用她，然後又以榮耀獎勵她。小時候，她不能夠看到父親讓她飲下羞恥和權力的黑暗。她保護他，排除他對她造成傷害的任何感覺。

後來他悔改。在臨死前的幾個星期，他承認那傷害，嘗試進入自己對女兒造成的傷害。那幾乎殺了她。她後來告訴我，她父親認罪，比以前的侵犯更毀掉她的生命，因為這揭露了她的羞恥和心痛，將她扮演受到尊崇的最高的神，和被侵犯的大妓女的這個角色粉碎了。這撕毀了她在他們的關係周圍建立的幻象。

因此她對抗上帝，對抗那吃掉她舒適和控制的幻象的蟲。她父親邀請她，進入她的空虛的痛苦和她的幻象的傲慢。上帝不單邀請她悔改，也開放她雙臂接受信仰。

感激：謙卑的果子

領袖往往擁有很大的自我。或許需要有很大的自我的人，才會以為自己能夠做別人視為不可能的事情。領袖通常混合強烈的遠象和對現狀深深的不滿。但他們通常領導珍惜現狀，不想冒險改變的人。這種帶來挫敗的安排，可以引致更大的專制或耗盡。

過大的自我也可能來自羣眾的崇拜。無論那池塘有多大，人們都知道領袖有權力，他們也充滿權力。而且試圖補償領導的疲累和痛苦的領袖，心裹可能極認為自己配得到權力，也有這個期望。在領導地位中賺得很少金錢的男女，往往感到應該舉止高傲，以補償長時間工作和不斷受到批評。這是領導地位提供培養自義的沃土的其中一個原因。

自義是我們取得權力的手法，權力來自將自己與別人比較，並比別人優勝：**我可能超重，也不及你健康；但我比你勤力工作，而這才是真正重要的**。我們很自然地將自己與別人比較，發覺自己在很多層面都有不足；自義試圖在競爭中給我們幫助。自義的領袖知道自己是成功的，因為她比同輩更努力工作，更聰明或更有天份。她要求其他人承認她的天份，也批評那些沒有那麼能幹的人。

不過，逃跑，面對自己的懦弱，然後降服的領袖知道自己的地位只是暫時的，他本身的技巧或恩賜不足以應付手頭的任務。他以服事為一種榮幸，而不是神聖的權力。他謙卑下來，因為他知道很多人比他更配得到那個位置，但在上帝的反諷中，他獲准成為領袖。

我有一個好朋友，他在一間基督教大學擔任發展部的副校長。他自年青時，便渴望成為大學校長。他在好些大學服務過，深受好評。他取得博士學位，升任副校長。他的工作紮實和良好，但他的野心令他不斷留意著將來。

這個人剛好和自戀者相反。他仁慈和開放，建立共識，祝福別人，為自己的失敗承擔責任，為別人的錯誤承擔後果和責任。他和這一章描述的自戀者有很大的不同。不過他也與自我專注和好些自戀的行為搏鬥。我們都有某些自戀的質素，但重要的問題是：我們在多大程度上面對自己的自我專注、傷口和妒忌？

我差不多一年沒有見我的朋友，後來我們有機會在一個全國的發展會議上一起吃飯。他的改變令我驚訝。我從未見過他那樣放鬆和快樂。我問他甚麼發生了。他說：

> 我實在不需要那麼努力就能夠取得今天的地位。因此我不認為自己十分感激。完成我的論文幾乎要了我的命。我現在明白為甚麼超過百分之七十的人從沒有完成博士論文。我不能獨自完成，但我又拒絕要求幫助。我愈努力嘗試，便愈陷入困境。我討厭

承認，但我一直都是驕傲的人，擅長謙虛，以致別人看不見我的自大。那當然是上帝極大的憐憫。我比自己預期多花了幾年才完成學位，很多人問我甚麼時候能夠完成，我看著他們說：「我不知道。那比我預期困難得多。」

每次我想放棄時，我聰明和仁慈的太太都幫助我指出我的恐懼，給我更大的勇氣，是我不知道自己擁有的。因此我跌跌撞撞地前進，並完成論文。結果不是自豪，而是深深的感激。我的堅持是恩賜。我的才智是恩賜。甚至我每一刻的呼吸都是恩賜。我不能夠告訴你怎會這樣，但我開始比以前更喜愛我的工作。那不是因為下一次升職。那是我要留在那裏的地方，除非上帝對我的生命有其他計劃。我知道我會是一個好校長，但我不需要成為校長。我只需要祂賜給我的，而那就是做一個好人，在十分重要的工作中有好表現。我很快樂。

換句話說，只是藉著和透過恩典我們才能夠領導。這刻的恩典是今天的嗎哪。今天有足夠的困難，現在**也**有足夠的恩典應付。沒有給明天的恩典，因為恩賜是現在的，為了此刻，不是為了將來。明天自會有恩典，但明天的恩典不會在今天來到。

在領導中到達這個安息的地方涉及感激。事實上，如果你生活和領導時深深感受到上帝的恩典，你便不會不感激。將所有功勞歸給上帝，令人謙卑，也給人深深的安息。我的朋友學懂感激的力量，並從中得到祝福。

以自戀為取向的領袖，在經驗上帝邀請他為過去和現在的出賣哀歎，放棄這是他惟一可以找到安慰和安息的地方這個錯誤觀念時，便開始轉化成蹣跚的領袖。蹣跚的領袖也不對抗連繫和關心；他冒險與別人交往，因為他學懂仁慈的價值。而接受了那怕只是一點兒仁慈的心，認識感激。

感激有趣的地方是它不是賺得或配得的；它也是恩賜。我們不能夠迫自己感激，但我們可以在跑得筋疲力盡時，跌跌撞撞地進入感激的臂彎。

感激開放內心，以驚訝和畏懼而不是驕傲，承認個人的恩賜。內心如我那樣的人可以蒙召，藉著給別人生命之糧而領導，實在奇妙得不能解釋。感激甚至接納出賣是種恩賜，因為它可以令我們更渴望仁慈的嗎哪。

註　釋：

這一章的題詞來自傳道書四章 1 至 4 節。

1. Michael Maccoby, *The Productive Narcissist: The Promise and Peril of Visionary Leadership* (New York: Broadway, 2003), 9.
2. 約拿書四章 1 至 4 節。
3. 約拿書四章 5 至 10 節。

第八章

逃避孤單的拘禁

讓孤單的領袖自由的真理

大部分領袖都知道走入一個房間，留意到氣氛突然改變是怎樣的。領袖不是普通人，因為別人透過更高期望和渴望的鏡片來看她。無論領袖多麼想成為普通人，這都是不可能的。

多年前我還是年青的治療師，一天早上去雜貨店取牛奶。我轉入一個貨架，剛巧另一個顧客從另一邊走過來，我們幾乎碰在一起。她是一個接受我輔導的人，我大概見過她三次。她雙眼凸出來，張開口，她的面只流露害怕的神情。令我嚇一跳的是，她將兩瓶漂白水丟在地上，尖叫，然後跑出商店。

幾秒鐘後，一名助理店長跑上來喊著說：「你對她做了甚麼？」我緩慢和安靜地說：「我是她的治療師。」店長看一看我的外表——毛邊短褲、棉汗衫、拖鞋——說：「噢」，然後走開。我不知道哪個人的反應更影響我：店長還是接受我輔導的人。我在事業早期便知道，治療師是不應該在早上衣衫不整地去買東西的，而如果你是治療師，人們便假設你的行為有點怪異。我不是正常人。

身為公司主席、教會牧師或婦女查經班領袖也一樣。我們接任領導的一刻，其他人便給我們權力，可以傷害他們，也可以造福他們。大部分領袖都不要求對別人有這種權力；權力只是必然的。領袖努力要顯得正常，只會增強別人的反應。與男孩一起喝啤酒的牧師，被視為努力嘗試與他們打成一片。但如果有人給他啤酒而他不接受，人們便會認為他太好，不願意和暴民交往。無論領袖做甚麼，幾乎總是不能達到預期的效果。

在我寫這本書時進行的一些研究中，好些「專業基督徒」表示自己被視為不會或不能與「真正的人」交往。一個牧師談到自己深刻的孤單：

> 我喜歡釣魚，但人們只邀請過我一次與他們釣魚。教會中有好些男士都釣魚，但他們從不邀請我。打高爾夫球也一樣。我邀請過別人，但人們從不邀請我。我想問題是因為我被放在寶座上。有時我開玩笑說，我的名字是**牧師**。我的職位令人們害怕我，因此與我保持距離，不要讓我太接近他們比較安全。

對這個牧師來說，被分別為領袖引來排擠和孤單。另一方面，領袖誠實表達自己的掙扎，可能令他想服事的人因為感到畏懼或尊敬而疏遠他。我曾經與一小羣牧師分享我和太太之間一次可怕的衝突。後來一位牧師公開多謝我的誠實和開放，並補充說：「我肯定你所分享的是為了說明，那不是真正發生的事。我不能相信你真的那樣對不起太太。」我感到震驚。我故意將故事的細節淡化，選擇不用當時我太太和我所用的語言，以免那些牧師以為我們冒充基督徒。但即使我淡化了的描述，仍然是太露骨和太誠實，以致這個牧師感到可怕。他選擇繼續將我想為「領袖」，而不是罪人中的罪魁。沒有人想相信，領袖十分需要十字架。

即使努力解構人們對領袖的期望，往往也只是製造新的外表，如果要提出事實，也必須將它們拆除。但對很多領袖來說，結果是因為知道別人永遠都不能明白他們，或者十分欣賞他們，而深深感到孤立和孤單。很多領袖都相信必須忍受孤單，作為領導的代價；另一些領袖則喜歡孤單，雖然他們帶著孤單的微燒生活。

最後，大部分人都認為領袖是外向的。如果不是這樣，他們怎能夠站在一大羣人面前，懷著那麼動人的熱誠和能力說話？但事實是很多領袖都是內向的，他們喜歡獨自與自己的觀念為伍。我們有專業的牧師，通常是巨型教會的牧者，他們是很出色的講員和戰略家，但與一小羣人交往時，很多都感到不自在，寧願將這種關係交給別人。

所有領袖都是孤單的，但很少是因為好的原因而孤單。

「高處不勝寒」這句話是真實的，但它沒有區分合法的孤單和自己施加的孤立。兩者之間有細微的分別。

沒有人能夠明白

一間大教會機構的領袖告訴我一個故事，顯示身為最高領導人，需要作出艱難的決定，並因而要忍受孤單。在這個人的事工中，一位最受歡迎的佈道者透過熱誠的教導和豐富的幽默感，吸引了很多大學生參加這個團體。這一切都很好，但這個佈道者十分不信任機構的高級領導層。他與職員和同輩的領袖談話時，暗中破壞高級領導層的權威。領導層一再努力處理問題，終於令他承認自己失敗，表示願意修補裂痕。但同一個模式又再次重複出現。

承認自己的罪後，這個佈道者會重建自己在學生和其他人中的支持基礎，然後便找另一個理由質疑領導層。例如：他的兩個批評是高層的領袖不願意冒險，以及妒忌他的恩賜和他生命中所結的屬靈果子。他的批評還以教義上的分歧作包裝。繼續對抗這個佈道者是沒有用的。需要將他辭退，但這樣做會帶來重大的破壞。高層領袖知道這個年青領袖會去另一個事工，並帶走大部分學生，或許甚至會帶走一些職員。另一方面，留他在機構卻會削弱領導，破壞機構的士氣。

機構全國總部的一個知己也告訴這最高的領袖，在他校園的事工可能會因為沒有增長而結束。這不是他可以與行政隊伍中任何人分享的資料。如果他對付那個自大的佈道者，事工很可能會倒退。如果他可以等到夏天學生離開校園的時候，他可以讓那青年領袖離開而不致破壞工作。這表示忍受那危機多四個月，但他的職員已經處於叛變或絕望的邊緣，人們也開始説他是軟弱，甚至是天真的領袖。

領袖往往比他們領導的人有更多資料。即使領袖告訴別人，他們的世界有甚麼危機和複雜性，也只會得到了無生氣和空洞的注視。那有點像笨豬跳。人們會看著你跳向空中，但如果你叫他們加入，他們會望著你，彷彿你神經失常……而他們可能是對的。

應付領導的難題就是這樣。人們不能明白，除非他們腳下綁著那條繩，站在台上準備跳向命運。那個面對叛亂的職員的事工領袖與兩個朋友分享自己的情況，兩人都不在領導層。一個朋友説：「你只需要做正確的事情，並將結果交託給上帝。」這勸告令領袖厭煩，他也懶得問這個朋友甚麼是「正確的事情」。

另一個朋友比較仁慈，承認自己從未面對這樣的困境。他提出請那領袖喝一杯飲品──一個善意的舉動，顯示他的陪伴會給朋友安慰，但不會給予有意義的建議。那領袖接受朋友的邀請，不到二十分鐘，他的朋友便和他分享自己的婚姻有麻煩。人們幾乎總是期望領袖在工作。在這個情況下，他朋友的個人掙扎比他對領袖的困境的關注更重要。

沒有人想明白

我們領袖都面對那無可避免的鴻溝，它將我們活在其中的世界，和我們機構中其他人居住的世界分開。沒有人可以完全明白我們。令人更傷痛的是很少人真正想明白我們，因為這種明白會要求他們加入領袖的世界——和痛苦。

那些研究我們怎樣彼此交談的心理語言學家告訴我們，一個人很少問另外一個人超過兩個有意義的問題，特別是在那個人有煩惱時。我們想幫助別人，想很快解決掙扎。但我們不想忍受別人的無助和迷惘。如果我們需要做的只是移動家具或給幾塊錢解決問題，我們會很樂意幫助。但在約伯痛苦時與他坐在一起，卻是大部分人都不會做的，即使是為了他們最愛的人。

以同情的沉默與約伯坐在一起已經夠困難，但要求他敍述那情況，以真正的興趣和關心聆聽，並感同身受地與他一起受苦——這一切都罕見得足以成為憐憫的聖杯。這樣一起坐下需要很多時間和技巧，是源自個人孤立的經驗，以及拒絕讓另一個人單獨受苦。很少聖徒願意給予這種關心，結果是領袖不再想得到它。畢竟這種關心根本是找不到的。因此我們不再讓自己感到孤單，並令自己的皮變厚，不理會破損的部分。

沒有人得到（完全的）准許去明白

領袖比機構中任何人更明白，影響他每天都關心和與他有關的人的生命的事情。例如：他可能知道在找到合適的替代人選時，某人便會被辭退。無論他獨自帶著這資料，還是告訴幾個親密的人，這資料都是擔子。它將領袖和羣體分開。我研究過的領袖中至少百分之七十，經歷過因為辭退僱員而又不能告訴別人原因而有的孤立。很多人都說那是他們面對過，與工作有關的危機中最重大和複雜的。一個在一間教會工作的女士說：

> 由於我在以同輩為基礎的事工中工作，我往往是會眾的朋友。有人有很深的掙扎或我們需要他們離開時，我往往因為不與職員或羣體中其他領袖分享詳情，而受到攻擊。但我保守祕密，自己往往要付上代價。朋友往往覺得他們應該知道教會中其他人的事，但我拒絕這樣做。

尊重保密，令領袖直接走上被閒言閒語拖拉的路上。不能解釋或辯護的艱難決定，令領袖脆弱和孤單。除此以外，領袖往往聽不到在他們領導的人之間流傳的謠言。領袖往往是最後一個知道機構中有甚麼事情發生的人。同工不想危害自己的地位或冒受指摘的危險，將壞消息告訴老闆。比大部分人知道得更多，又比每個人知道得更少，實在令人瘋狂。

在領導這個古怪的世界，領袖怎可能成為朋友或有朋友？沒有親密朋友的領袖傾向在躲藏和操控之間搖擺。正因為這樣，如果我只能夠用一個因素來評估一個申請職位的人，我會用那個人的友誼的性質——長久、多元化、損失和出賣——以及那個申請人在關係方面對成長的渴望。領袖對機構的服務，不會比她身為朋友的表現更好。但人們不能成為真正的朋友，如果他們沒有能力和不願意讓別人知道他們的內心世界。

當然，首要的友誼是與配偶的友誼。那是保羅這句十分強烈的話的基礎：「人若不知道管理自己的家，焉能照管上帝的教會呢？」[1] 原本的希臘語中，**管理**這個詞並非表示「組織或行政」；而是指「照顧」。如果一個人不照顧自己的家庭，她怎能夠照顧教會？為甚麼大部分人追求自己的家庭和配偶時，都好像他們節食那樣——時作時輟？

另一方面，完全投入自己的家庭永遠都不是公義的。出席孩子每一個比賽和表演的父親，不是一個好父親或朋友；而是上了癮。對很多領袖來說，這種出席率不是問題；領袖實在很少出席孩子最大的比賽，更不要說練習了。要拒絕留在工作，沉浸在危機的腎上腺素中和變得不可或缺的誘惑，是需要紀律的。

對於在機構中有朋友的智慧，領袖有不同意見。與好朋友緊密合作可能產生利益衝突。那是因為好朋友不單是你花時間與他一起或分享關注和支持的人。友誼涉及忠誠，或者忠實的承諾。**忠誠**（troth）這個詞與**真實**（truth）這個詞來自相同的詞根。[2] 朋友起誓要忠心，以真理而活，彼此尊重、保護和供應。雖然這個誓言很少說出來，但它肯定是大家假設存在的。我們期望朋友支持我們，幫助我們，不出賣我們。因此，辭退朋友——或者被朋友辭退——似乎是不能想像的。

除了這個困難外，很多其他職員都會因為領袖和同時是他朋友的僱員之間，有深入的關心和長期的關係，而感到妒忌。在工作、崇拜或事奉的地方沒有朋友，似乎容易得多。但我們陷於兩難。事奉很少是朝九晚五的工作，因此我們與人的大部分連繫，都傾向是跟與我們服事的人發生。

在工作上有朋友可能有麻煩，沒有朋友也可能有麻煩。在工作上避免友誼的人，通常是因為關係上的親密那不確定、恐懼和不便。這引致一種將心與任務，個人的人格與工作分開的文化。頭腦和心的分歧，無可避免地製造一種躲藏和操控性政治的文化。

躲藏：操控的性格弱點

我們領袖在害怕時躲藏。教會有人漫不經心地問我們：「你好嗎？」我們明白那社會習俗，但有時我們就是不能說：「很好。」我們暗示裏面有冷風在吹，結果往往是有禮的遠離。「唔，聽到你不大好，我感到難過。我會為你禱告。」你認識的人中，有多少個會說：「聽到你不大好，我很難過。我現在沒有時間詳談，我也不能肯定你遲些是否想詳談，但我今天下午會打電話給你。」由於後一種人人數十分少，我們領袖學懂防避傷害，即使是與朋友交往時。

我們對躲藏的委身，太容易變成我們的觀點，我們圍了柵欄的堡壘。我們透過製造安全的孤單這塊鏡片去經驗世界，結果是束縛：人們接近我們的惟一方法是越過保壘的圍牆，但爬上高牆的人是入侵者，很可能是賊。那難題好像馬克思（Groucho Marx）的難題一樣，他說他不肯成為接納他為會員的會所的一部分。領袖的潛在朋友如果不爬牆，便預先被譴責——如果他們爬牆，便會在稍後被譴責。因此大部分人在預先知道不大可能成功和得到接納時，都不想花費精力。同時向人招手又拒絕人的困境，製造一個瘋狂的世界。那是一個不可靠的地雷陣，惟一的生存方法是學習這種輕輕地踏步的操縱性交易。

領袖躲藏的例子

> 我最孤單時刻，是我需要有人明白領導一個羣體的擔子和責任時。教會中沒有其他人有這種經驗。身為惟一的職員，我不能輕易找到人與我傾談。要作出重大決定，我想和別人傾談，作出集體決定時，大部分人都認為我是專業人士，他們對我說：「我們支持你的任何決定。」
>
> 大部分時間都沒有人知道我感到多麼孤單。我沉默，是因為我不想人們視我為暴躁的人（即使這是我自己而不是別人的觀點），也不想人們視我

> 為軟弱或有需要。我生命的其他方面都可以受到衝擊，但這方面我卻保留給自己。
>
> 我覺得，我變得很擅長掩飾我的不安感覺。我估計，如果你問我羣體中的大部分人，他們都會說我堅強而有自信。這是我很久以前學會投射出來的形象。現在我慣性地這樣做——很可能也為了避免處理如果事實為人所知時，我和別人會出現的問題。

這個論述強調了一個可悲的現實：沒有人能夠真正明白領袖每天帶著的重擔，除非他們處於類似的地位。教會中的人太容易假設「專業人士」會處理事情——否則我們為甚麼要聘請他？這令領袖失望。領袖更容易隱藏自己的孤單，藉以令別人不會質疑或不尊重他們的呼召。結果不單是更大的孤單，也是因為不斷的勞苦而更筋疲力盡。

機構充滿這樣的束縛，因為人與人之間沒有足夠的誠實去建立關心、委身的關係。相反，每個人都想辦法戴上合適的面具。如果那是個快樂的機構，人們便選擇戴上快樂的面具。如果那是有知識和嚴肅的地方，快樂的表情便會被視為表面和天真。

我們往往學習我們的文化要求甚麼，然後將我們的姿態調校到那個世界的頻道。這種姿勢是一種操控。它是兩面的存在，既防止揭露，又爭取有權力的地位，以免變得脆弱。權力的政治製造盟友和敵人，他們就著好像預算、機構的優先次序和辦公室的空間這樣多樣的問題，共謀和爭鬥。

在馬斯希爾研究院的某個時期，我留意到有一小羣同事努力要平息我對某個決定的關注。這次發現在很多衝突和令人筋疲力盡的事情之後，我當時的固定模式是不理會那困難，專心完成一本書。當張力繼續增加時，我透不過氣，開始處理那個決定的政治問題，以及很多人在我背後說了很多話的感覺。我的關注被否定，我與參與其中的人找不到任何共通點時，我更進逼。我的精力被指為妄想症，有了這個標籤，我任何進一步的行動都只會證明他們的話。

這個情況令我記起領袖的角色本身是孤單的，因為它往往要求你，在機構中很多人都寧願你走開時，處理問題。我延遲處理馬斯希爾正在增強的張力時，發覺自己在孤單的束縛中。我被指有妄想症。我想人們以為我是不在意的領袖，還是有妄想症的領袖？兩個選擇都不吸引我。如果我再不理會那個問題，它會漸漸變得愈來愈糟。如果我有力地處理那個問題，它會很快便變得更糟。

在這樣的時候，機構中互相競爭或衝突的人之間在關係上的鴻溝，變得既不能避免，又不能解決。那是參與事奉其中一個最孤單的方面，敬虔的領導的其中一個主要任務，是破壞所有製造虛假王國的意圖，這些意圖阻止人們服事上帝的國。一個牧師很好地指出這個任務：

> 機構中的人組成聯盟。當這些聯盟與個人的誠信和

> 價值觀有衝突時，抱持誠信地領導的孤單，很大程度上跟需要避開這些聯盟有關。孤單特別突出的另一個時候，是在事情跟從一條沒有計劃的路，陷入逆境，人們想自保時。真正的領袖不能夠只躲藏起來。他們需要站起來，可能要截住飛箭——而且是在重要的地方！

因此，你的忠誠是關心上帝的國多於別人的舒適或快樂時，在機構中是否可能有朋友？答案通常是不可能，因為不幸的是，機構中的友誼較傾向關乎建立聯盟，以取得權力和安全，而不是一起尋求真理。

而且，人們感到他們需要躲藏才能夠生存時，機構中的欺騙便會增加。躲藏的結果是一連串迷宮似的半事實和謊言，最終令羣體變得犬儒和刻薄。機構的使命在人們爭鬥著要保持權力和避免被揭發的憤怒中失去了。

一個好朋友告訴我，在一個有差不多六十個職員參加的職員會議中，他問到公司傾向做一場大戲、有很大的工作量、長時間超時工作而沒有超時津貼，是因為業務的性質，還是只是一個出色、混亂和沒有紀律的行政總裁的副產品。他說：「我也可以問他們想死於注射毒藥，還是問吊。」每個機構都有它動物園裏未公開承認的大象，而沒有明言的規則，是不要說出會令每個人都感到不自在的話。結果是躲藏的文化、玩弄和操控。

但蹣跚的領袖會以違反默許的規則的方式行動和說話。如果領袖要破壞違反福音的誠信的聯盟，他便不能夠躲藏。但他可以怎樣揭露關於一個機構的事實，是會令很多成員失望，但仍然保持他們的尊重？這是一個困境──但卻是必須處理的。它只能夠由公開承認自己渴求真理的領袖來完成。

誠實的渴求：通往開放的轉捩點

誠實就好像說出事實那樣簡單。但向別人說出事實，從來都不單是關乎說出某些事情是有效和沒有疑問的。如果我太太問我：「為甚麼你今天那麼憤怒？」我回答說：「我不憤怒。我不明白為甚麼這幾天你都批評我。」誰在說真話？是她還是我更準確？我們每個人不都是同時可能對和錯嗎？

在關係中，事實這個問題，從來都不是關乎嘗試找出誰對誰錯。那是關乎兩人一起尋求事實時，忠誠有沒有增加。事實不單是以那些話有多準確來衡量，也是以那些話怎樣將尋求事實的人的心連結起來來衡量。我們愈一起尋求事實，手牽手，心連心，我們便愈明白甚麼才是真實的。我們祈求、尋找和叩門時，上帝的應許是我們最深的渴望會得到滿足。

因此，如果我太太指摘我憤怒，我為自己辯護或否定她說的話，我不單破壞了忠誠，同時也逃避事實。我毋須同意一個人對保持忠誠的看法，但我們愈連結在一起，對事物的看法便愈可能一致。誠實不單是說我們感到或想到的事情；也是尋求在事實的眼睛面前袒露自己，好像別人看我們那樣看事實。

甚麼是真實、誠實的渴求？那是深刻和赤裸裸地承認我們彼此需要對方。這或許是最簡單的承認，但卻是很多夫婦，雖然結了婚幾十年，也不能夠給予對方的。這樣做太危險了。如果你對對方的需要得不到好好的接受，或者被出賣，那痛苦可以是極難忍受的。承認我們彼此需要，在婚姻中很少見，在領導的正式結構中更幾乎不存在。

對真理的愛創造一種深刻的渴求和謙卑，去吃喝更多真理。聖經真理最終總是關乎關係，因此我們愈參與真理，愈被吸引去渴求有以上帝熱情的愛為標記的那種關係。

想像一下你向一位朋友這樣說：「我們分開時我掛念你。我們一起時我很高興。」現在想像你向一個傷害你的人說：「我不知道甚麼引致我們的分歧，但我渴望恢復關係，我想聽一聽你怎樣理解這衝突。」如果第一句話令人不自在，想像一下說第二句話會怎樣。

對真理的誠實渴求，要我們向每個人保持開放，包括那些我們不同意或與他們有衝突的人。它也要求我們向一個事實開放：我們十分需要那些挑戰和對抗我們所珍惜的真理觀念的人。我們可能永遠不同意別人，也毋須同意別人，但我們需要別人——特別是那些挑戰我們更深地挖掘，和變得更有人性的人。因此那渴求，不是渴求對事實的同意，而更多是渴求帶來對真理更大的喜悅的忠誠。

忠誠涉及對別人關心、尊重和喜悅的體現性同在，雖然有分歧，但仍然珍惜和服事他們。如果忠誠是真實的話，便有共同的基礎探討事實，和我們對自己視為真實的東西的詮釋。忠誠存在時，我們詮釋上的不同不會妨礙我們彼此關心，但我們互相衝突的信念可能會變成更大的分歧，以致我們說大家最好不要留在同一個機構。或者我們發覺大家都留在機構可以有更大的好處，因為比對特定的問題輕易地有一致意見，我們的張力更好地示範在耶穌裏合一的潛力。

但在太多或太少健康的張力之間那界線究竟在哪裏？我們又可以怎樣確定那界線？我們不能夠在操控、躲藏或指控的黑洞中找到它。我們只有在彼此需要——以我們所有軟弱、我們所有不同和我們所有惱怒——這個背景下才能夠找到它。

變得更有人性涉及承認自己需要別人。要承認我需要你——幫助我思想一個決定，或者同情我的掙扎——就是承認我不足夠，就是這樣。我不足夠，你也不足以應付我的需要，但我們一起比我獨自一人好得多。而說出忠誠，就是向過程會顯明的事情同時開放和忠實。

誠實也承認保持開放和忠實的呼召，是超乎我人的能力，特別是在傷害和衝突之中。誠實的心承認人與別人聯合的欲望不能得到滿足。它承認與別人的所有聯繫，是我們在這個世界惟一能夠有的真正的家。在忠誠的關係中誠實引致我們的心顫抖。而我們與別人進入誠實的關係，在其中我們對聯繫的渴求，以及告訴對方那渴求時的脆弱，令我們顫抖；這是罕有，可悲地罕有的。相反，誠實被誤用，作為不大關心別人地說出不友善的話的同義詞。

所謂誠實可以很容易退化為指摘、責備和判斷性的批評。太多人選擇以「說出事實」的名義對別人說可怕的話。這不是誠實，而是殘忍和掩飾的報復。誠實承諾保持溫柔及仁慈，充滿盼望和渴望別人成長。我們對別人愈保持誠實，愈渴望會認識和被認識，認識真理，並被真實的東西，被真實的那一位追尋和抓著。誠實釋放我們去關心別人。

關心：誠實羣體的果子

忠誠的誠實培養關心的羣體。我愈對你誠實說出我身為外人的生命，你愈可能與我一起受苦和因為我而喜悅。我是外人，因為我不在家。在這刻，我對將來的世界來說也是外人。因此我在任何地方都沒有家——在天與地都是外人。

但這沒有問題，因為如果不是外人和陌生人，便不可能感到痛苦。人們不能夠接觸一個自大、自足和獨立的領袖；他們只能夠接觸有需要的人。得到關心，表示領袖必須顯明自己的苦難，讓其他人可以進入他們心裏的戰場。

那麼，在你是領袖時同時成為一個朋友是甚麼意思？你可以怎樣避免你加諸自己的孤單囚牢？首先要記得，我們邀請和進入友誼，是在乎我們願意背負彼此的重擔。[3] 我們不能背負重擔，除非我們留意到別人的需要。我們可以與別人同哭，只有在我們知道他們臉上有眼淚的時候；我們可以與別人同笑，只有在我們應邀進入他們故事的歡樂中的時候。[4] 我們對自己外人的生活愈誠實，別人愈多為我們流淚，作為對我們得救贖的祈求。

但單有眼淚也不足以減低孤單的程度。我們也渴求喜悅。關心的朋友給予眼淚和歡笑。如果一個人只得到哀傷，便會產生自憐和沉溺。我們也必須邀請和給予歡慶別人的生命時的喜悅。

關心給予也接受哀傷和喜悅。如果有人與你同哭，因為你榮耀的良善而喜悅，誠實和溫柔地以你的失敗與你對質，你便特別得到祝福了。在領導那孤立的工作中，你不再孤單。孤單跟胃部發出聲響，顯示我們需要進食沒有分別。孤單邀請我們回到那些與我們同哭和同笑的人那裏。孤單從來都不是領袖因為身為領袖，而需要背負的「十字架」。領導隊伍應該成為朋友的羣體，因為彼此而受苦和喜悅。如有人拒絕成為朋友，便會有躲藏、玩弄、政治權力和操控過程，藉以變得不受傷害。

生命應該十分不同。[5]

註　釋：

1. 提摩太前書三章 5 節。
2. 中古英語 *trouthe*、*trothe* 是 *treuthe* 的變體，來自古英語 *treowth*，即 *truth*。
3. 參加拉太書六章 2 節。
4. 參羅馬書十二章 15 節。
5. 我的編輯讀了這一章後寫了以下的話。「丹：這一章有力地描述孤單的領袖的災難，並有說服力地提出原因。沒有完全回答的一個需要是：孤單的領袖怎樣找到朋友，是可以進入這裏描述的那種忠誠的？是用嘗試－錯誤（trial and error）的方法嗎？領袖冒脆弱的危險，被甲斷然拒絕，於是領袖接觸乙，希望結果會比較好？如果乙也斷然拒絕領袖，他們便以透明度和開放接觸丙？餘此類推，直到領袖終於找到一個會進入哀哭和歡欣的忠誠的人？」

   我的回應是：「羅恩：我不知道。友誼仍然是領袖最艱難和最痛苦的一面。我有很多友誼都發展了三四十年。另一方面，在馬斯希爾研究院期間，我失去了很多親愛的朋友，他們稱我為說謊者、出賣者、操縱者和自戀者，甚至是狗和賊人。我特別找了一個朋友五次，問他我們之間出了甚麼問題，甚麼引致我們的分歧。他說：『沒有甚麼。你想像一些並不真實的事情。』他離開後，告訴很多人我不會也不能夠接受回應。可惜他的話以前和現在都有真實的成分。我與太太分享他的話時，她提出一些理由，解釋為甚麼人們頗為難以與我對質。但在那方面正有禱告、找尋和謙卑的工作進行。

   另一段關係現在也出現這種下滑。處理它的努力沒有成果，我可以聽到這樣的話再出現：『你太難讓人愛，也太不願意改變。』那試探明顯是放棄或躲藏。但好像你說那樣去找乙，然後找丙，一直到甲甲的冒險，將我引向耶穌找祂朋友三次，要求他們警醒禱告的敍述。他們沒有這樣做。但祂繼續去找他們。祂就是這樣迫切。但願我繼續迫切渴望友誼，結交的人真的渴望認識和事奉真理，並向真誠開放，作為通往認識，更不要提活出真理的路。」

第九章

磨損到核心

引入真正盼望的耗盡和醒悟

我在冒起中教會會議（Emergent Conference）中演講。這個會議聚集了一羣人，他們提出在後現代世界中怎樣活出福音這個問題。這個會議幾乎毀了我。經過連續六天，每天早上七時至下午一時，跟有熱誠、富恩賜和聰明的教師和與會者聚會後，我筋疲力盡，以致留了兩條褲子在酒店房間的衣櫃，留了一件恤衫在抽屜。我能夠拿著手提包，揹著衣服去到機場，自己也感到不可思議。

我寧願在會議後休息一兩天，但我立即開始，連續一星期，每天十二小時，教導輔導員和平信徒領袖怎樣幫助被虐待的人。我需要和學生一起進入虐待的心痛和戲劇中。而且交這本書的手稿給出版社的限期快到。我知道在這個星期的教學中，每當我有空閒時間，我都需要寫作，而寫作本身已經是要求很高，令人心靈疲累的勞動。還有，我的電子郵箱有超過一百封未回覆的電郵，有些已經是三個月前收到的。

還有機構和人事問題，在我離開一星期後等著我處理。

有些人可能認為這是自吹自擂，但我以它作為懺悔。不感到被迫入牆角的領袖，往往不是涉及對抗黑暗勢力的工作。但耗盡的領袖容許他呼召的強度，和其中感到的筋疲力盡，帶走盼望的快樂。每個領袖都十分需要盼望，但有兩個因素纏繞我們：無限的需要和擴展的機會。這些因素盡最大努力消滅盼望。

無限的需要和擴展的機會

我準備離開，去與兒子釣魚，但有一個朋友找我，請求我那天下午和她見面。她想處理的問題屬於我的專長，她的絕望是合理的，因為她那天晚上要與丈夫談話。我立即處於兩個不同需要，兩種不同機會之間。領袖被這兩種動力的相互作用推動。我必須行動；否則我會感到出賣了有需要的人，和自己渴望做的好事。

這個女人極大的需要和我兒子想花時間和我一起那沒有那麼明顯的渴求之間的拉扯，令我感到好像被五馬分屍。我選擇我的兒子，但感到好像遺棄了一個遇溺的女人。那天餘下的日子我感到有生還者的罪咎，也懷疑自己的心。提醒自己我只是一個人，世界的需要比我的能力要大得多也沒有用。告訴自己我兒子需要我，或者在那女人的生命中，我不是上帝在世上惟一可以使用的人也沒有用。我與兒子釣魚、歡笑和玩耍時都感到痛苦。

我要想一想這一切。我明白對需要行動的感覺，是與求助的呼喊的強烈程度相應的。需要愈大，愈需要以行動回應那個機會。但我們愈行動，我們有的精力便愈少。我們使用愈多精力，能夠付出的便愈少。直到我們的儲備用完，我們便不能前進，因為我們已經耗盡燃料。這是簡單的公式。

需要會令人有精力，這事實是個挑戰。振奮的循環始於察覺到有人有需要。我們看到不公義時便激起同情和憤怒，預備進入戰鬥。上帝給我們腎上腺素（adrenaline）、去甲腎上腺素（noardrenaline）和兒茶酚胺（catecholamine），讓我們有能量進入緊張地帶。閱讀以下領袖的話：

> 實際上我在危機時刻變得精力旺盛，因為我十分擅長介入。

> 壓力推動我更努力和更長時間工作，它往往也啟發我的創意。

> 我在壓力下變得精力旺盛，在事情似乎失控時狀態最好。我最擅長管理受控制的混亂。

領袖被吸引到戰鬥中，但一旦我們投入，我們的身體便承受壓力和疲勞——我們可以發覺自己應付不來。眾生最好的計劃都不能夠保證會有甚麼事情發生。事實上，惟一可以確定的，是不確定和混亂。每向前走一步，我們都發覺對我們時間有新的要求。我同意在一個活動中演講——只是簡單地就一個我講過的題目講一小時。不過，贊助人想看大綱。後來又有電話來，要我向主持講整個演講的內容，他又告訴我，我會走進一個很情緒化的環境：有幾個職員最近被解僱，另一些人則辭了職。留下來的人抗拒任何外人進來。簡單地答應演講引致我想像不到的複雜性。

每次選擇做你知道你應該做的事情——並為了大事而放棄好事——無可避免地帶來，看來是必須的新需要。要減低我們生命中的混亂和複雜性，我們必須建立餘地和定下界限；我們需要限制我們所做的事。但事實是，需要是十分廣闊的無底洞，總是張開等候吞吃我們。對我們很多人來說，惟一解決筋疲力盡的方法是變得更忙碌：

> 我在壓力很大時要更努力工作，因為我不能夠清楚地思考，也沒有那麼多精力。因此要更多工作和自覺的精力。我傾向從關係中抽離，直至壓力過去，而這不一定是好的，因為有很多有壓力的時間。

忙碌：宿命論的性格弱點

忙碌似乎是懶惰的相反，但忙碌的人不是活躍而是迷失。懶惰的人幾乎甚麼也不做，而忙碌的人幾乎甚麼都做。但他們的相似之處是兩者都拒絕有意圖。忙碌是懶惰的有道德的對應。

一個接一個會議的日程很少給人機會反省、學習和計劃。相反，它依從「預備、發射、瞄准」這種策略。我出席過太多會議，人們即場作決定，沒有預先花時間思想議程，閱讀資料，或聆聽問題的不同方面。為甚麼我們這樣開會？因為我們太忙，不能夠用其他方法。

我們說匆忙帶來浪費，但我們運作的方式顯示，我們真的相信是兔子而不是烏龜贏得賽跑。我們承擔太多，或不能預測隨著每一個新委身而來、不可見的要求時，耗盡是無可避免的。我們的耗盡以無數方式表達出來，特別是在我們重要的關係中。很多回應我的調查的領袖都哀歎，耗盡對他們的家庭和健康的影響。他們可能因為壓力而精力旺盛，但他們看到壓力會表現為關係中的挫敗、恐懼和絕望：

> 我在事奉的關係中面對強烈的情緒時，我必須迫使自己向家人和朋友開放。我變得更疲倦和退縮，幾乎害怕人們會向我要求一些我不能給他們的東西。

> 我對壓力的回應是盡我所能滿足要求，但壓力不減輕時，我傾向變得無望和沮喪。

我們傾向一個惡性循環：先容許我們的儲備幾乎用盡，然後藉著使用剩餘的少量儲備，克服消沉以完成任務，從而進一步消耗自己。這個耗盡的循環令人感到是無可避免的，而往往真的沒有辦法脫離困境。我們到了那個地步時，耗盡變成了宿命論。

宿命論是無望的決定論。我們在多大程度上降服於領導中無可避免的要求，我們便對那勞苦麻木，將自己變成役畜。宿命論的象徵，是一隻牛無止境地圍著同一個圓圈緩慢地走。我曾經在生產線上工作，在一個零件上扭緊一粒螺絲，確保它不會讓水滲入。那些零件以每分鐘八個的速度來到。待遇很好，但不到幾小時，我便停止思想和感覺，變成機器中另一個齒輪。

宿命論的靈只忍受生命無盡的單調。這可能是美國公民平均每天看四點二小時電視的原因。宿命論也是我們強迫性地吃喝過量的主要因素。至少我們吃飽時感到有生命。最後，我們不面對我們只享受很少意義，而是屈服於做更多事情來令自己分心。

不過，忙碌是有道德的懶惰，因為它涉及拒絕以勇氣和意向性來生活。相反，我們將靈交給必須那不斷增加的要求。如果我們說「不」會有甚麼事情發生？如果我們說：「讓我想一天，考慮我認為自己可以給這個機構帶來甚麼獨特的東西，因而能否接受這個任務」，我們的工作地點會有甚麼發生？如果我們視面對我們那無可避免的需要為操練意向，而不是更多活動的機會，會有甚麼事情發生？

我懷疑這種取向會令很多人失去工作。畢竟它會拖慢很多機構的過分進展，這些進展促成忙碌，以致沒有人有時間或心思問艱難的問題。在我們的文化和時代，能夠增加安好和壽命的更大反省、智慧和卓越，似乎不如瘋狂地活動那麼寶貴。我們對噪音的使用，說明了這個真理：我們討厭安靜，於是一上車便扭開收音機或鐳射唱片機。我們以噪音和忙碌圍繞自己，以致不用看我們為自己製造的單調陷阱。我們這樣做是為了避免面對醒悟。

醒悟：通往盼望的轉捩點

忙碌的領袖建立活動的網絡，來滿足內裏對意義的渴望和別人飢渴的期望。我們的忙碌與上帝沒有甚麼關係。但它的一個好處是，它最終回來嘲笑我們，令我們醒覺到自己的愚蠢。在時候滿足時，我們瘋狂的步伐會反映我們貧乏的靈魂。這啟示不單是我們耗盡和需要休息。那甚至不是我們過分擴展，需要更平衡的生活。雖然這些事情是真實的，但最真實的啟示是我們看不見我們的呼召，而更重要的是，我們看不見呼召我們的那一位。

從所有次等的喜愛中醒悟過來，是帶我們回到初戀的轉捩點。原本帶領我們，藉著領導別人而服事他們的東西，很少仍然是我們的北極星。以基督徒身分服事的惟一原因是耶穌，但在消耗我們日子的不同活動中，我們很容易失去祂。因此，忙碌的真正代價是失去屬靈的活力。我研究的領袖中，他們常見的感受是，危機和壓力可以給活動能量，但卻令靈魂耗盡。在那些時候要與屬靈資源——耶穌——保持連繫，於時間和渴望兩方面，都需要付出很多：

> 活動的高峯過去時，我明白自己沒有好好餵養我的靈魂，正變得空虛。在這方面，領導裏那腎上腺素的增加令我的靈魂乾涸。
>
> 如果有清楚的結束時間，我喜歡緊張的時期腎上腺素增加。我通常可以優先處理緊急的事情中最重要的事情，將次要的事情擱在一旁。不過，傾向受到冷落的，是那些不緊急但重要的事情，包括我的屬靈成長。

我們可能以耶穌開始一天，並在要求高的時候經常禱告，但在會議中間祂卻是難以找到的。我們在作決定時，例如應該裝修我們的建築物或找一個全新的地點，很難以祂為我們討論的中心。而當現時的危機、作決定的過程或討論愈見緊張時，我們不大知道怎樣以耶穌為那刻的主要因素。

我們可以在一間有很多領袖的房間，他們都愛主，渴望服事祂，討祂喜悅，但對怎樣解決手頭上困難那十分不同的意見之間，卻可能有很大分歧。事奉耶穌，並不表示對問題的解決或機構的方向，會有一致的思想或心意。

如果耶穌那麼容易在一羣愛祂的人中遺失，祂明顯也可以在我們個人忙碌和消沉的瓦礫中變得模糊。祂怎樣可以重拾作為我們的初戀情人的地位，特別是在我們很容易在努力服事祂和其他人，將祂擠掉的時候？

當我們承認，醒悟在挑戰的刺激減弱時出現，我們便朝這個問題的答案走。大部分領袖都喜歡腎上腺素增加的強烈，很多領袖都私下承認，喜歡某種危機和要求高的情況，因為它們好像極限運動那樣，帶來同樣的旺盛精力。危機可以變成上癮，當相對和平及平靜的時期來到時，不再緊張可以引致沉悶和煩躁。

正因為這樣，有些領袖在發覺和平出現時，便不自覺地製造新的危機和戲劇性事件——在他們心目中，和平證明自滿和依從這個世界的事情。但腎上腺素的上癮者，和任何上癮者一樣都會碰壁，當上癮的好處不能超過它對身體和靈魂的破壞性影響時。當身體再不能夠承受那壓力時，上帝開始哄領袖的心去接受一個新方法。我們很少回到天父那裏，除非或直到我們的供應短缺。

我們清醒過來，終於選擇最小的角色和最不豪華的角落時，那是因為我們不再有幻想。驅使大部分領袖幻想的，是由不滿推動的理想主義。領袖背起重擔，很少只是為了維持現狀。真正有遠見的人追求一個夢想，希望自己可以將現存的改變，創造一個更好的方法。

這種不滿是令人興奮和能夠模塑身分的。畢竟，每一代都視別人的創造為不完整和妥協：**如果我之前的領袖更有勇氣、誠實、誠懇、熱情、先見、智慧或力量，我們現在便不會身處這一團糟了。**根據我們反對的東西來建立我們是誰的感覺，比根據我們夢想創造甚麼來建立這種感覺遠為容易。由不滿推動的理想主義確實嘗試創造更好的世界。不過，這樣做是要求在飛行時拆毀和重建舊的飛機引擎。機構的改變也好像在婚禮時開始節食。每個人都在享受食物和歡慶，回去開懷大吃的試探是強烈的。領袖不單節食，也嘗試説服宴會的其他賓客重新考慮他們的食量。如果他幸運的話，他會遇到的傷害只是被忽略，但他更有可能會被拋出街外。

因此，理想主義的領袖必須努力推動改變。他不只必須節食，也須教導、傳講和寫關於更好的飲食。他必須減肥、健康和喜歡豆腐。他必須忍受嘲笑、閒言閒語和別人俯就的對待，不理會影射和對個人的公開侮辱，同時在所有其他人都狼吞虎嚥地吃油膩的肋骨和未熟透的炸薯條時參加晚宴。

這種領袖因為一點自負的不滿和自戀的遠象而得到力量，最終不能不撞向現實那厚厚、十分堅固的牆壁。跟隨者只在不滿意，和通常不需要冒很大險或要求他們犧牲時，才想改變。領袖很少可以統領願意流汗，更不要説願意死的軍隊。我們可以沒完沒了地談及遠象和使命，呼召和機會，但一天結束時，大部分人都只想看電視和有一點不複雜的歡笑。

不滿意的理想主義幻象令領袖相信，當人們得到好的原因，動機得到激發時，便會支持那個原因。這個幻象令領袖相信改變是可能的，只要我們可以讓人們一瞥那應許地。人們視這個謊言為十足的基督教，以致不能容許它死去。我們相信，這個謊言是我們令基督教機構增長的惟一盼望。但如果我們要蹣跚地領導，這個謊言便必須死去。

記得摩西嗎？在他帶領民族前，他在米甸流浪了四十年和牧羊。我們在曠野的日子可能比較短，但同樣痛苦，因為那是死亡的時候。如果一個深刻的靈魂要出生，領袖的夢想必須死。理想主義可能帶我們進入爭鬥，但是失去我們珍惜的一切，才能使一顆可以不情願和謙卑地領導別人的心，開始在我們裏面形成。

醒悟不是夢想的終結。它只是我們現時從牀上起來和煮咖啡的理由的終結。醒悟將我們帶到一個問題：人若賺得全世界，卻賠上自己，有甚麼益處？醒悟揭露雖然我們應該服事國度，但我們卻不知怎地成了國王；我們以為我們在跟隨耶穌時，莫名其妙地令祂成為我們夢想的僕人。惟一真正的悲劇是，領袖從不容許醒悟將他磨損到核心，揭露他的忙碌中是無神的。

一個牧師寫了以下的話，是關於他令人疲累的日程的。比他得到的實際建議更有幫助的，是他深刻地明白無論他多努力工作，他都不是上帝。

我擔任一間宣教教會的教區牧師／牧師時，那裏有

> 很多發展上的需要，我同時需要完成一個牧職的學位。我負荷過重，是我從未試過的。雖然我在壓力下似乎精力旺盛，但更明智和老練的牧者導師給我注入一劑有力的理智，警告我不斷的緊張會有甚麼後果。他們列出的後果包括：愈來愈脾氣暴躁——對那些不應該受到這樣對待的人。現在回顧起來，我知道我不是上帝，甚至不是任何一個神，我的表現肯定不能夠依所有壓力要我有的表現那樣。我毋須回應每一個人的議程，甚至是我自己的議程。我學懂——或者應該說仍然在學習——真正領導的限制。

絕望開始令一個盼望復活；這盼望不是建基於爭取表現，或一時的成功。畢竟，任何人類創造的盼望，都是有計劃會淘汰的。我們的國民經濟是建基於，需要購買比去年購買的產品更新的版本，或者買另一件產品，因為修理舊的那件比買一件新的花費更多。如果產品耐用，我們便不能夠支持我們國家的財政增長。我們期望物件不會耐用。

對於盼望，我們也沒有多大分別。我們希望最暢銷的書或新一齣描述福音的電影，會是為基督贏得我們文化的良方。賣座電影《受難曲》（*Passion of the Christ*）被吹噓為自從葛培理興起後佈道最大的盼望。一年後，幾乎沒有人關注這齣電影。我們渴求戲劇效果和數量上的證明，顯示有些事情為了上帝的國度而發生。我們對最新的節目、聖靈最新的彰顯，最新的事物存有盼望。

但從一切新和更好的事物——以及計劃、安排、生產和推銷的一切——醒悟過來，容許新的盼望生長，這種盼望以耶穌的降臨和新天新地的應許為基礎。這種盼望容許我們大大放慢腳步，更刻意，沒有那麼宏偉，對我們會做甚麼，並我們會拒絕，以實現一個遠象的名義而犧牲甚麼，更有意向性。醒悟會令我們成為更大膽和更矛盾的領袖。

大膽：矛盾的果子

醒悟產生真正的盼望，就好像死亡是復活的背景一樣。如果我們的夢想不死，上帝的夢便不會出生。我們知道這事實是真的，但我們鄙視它。由醒悟產生的盼望的果子，是失去認真，野心減低，以及大量戲耍。它通常被描述為「遠不會那麼認真地看自己」，與懶惰或冷漠毫無關係。事實上，醒悟的領袖更關心，也付出更多——而且更大膽地這樣做。這種成長完全源自死亡－復活，或向自己死以找到自己這個弔詭。

很明顯，醒悟和最好的領袖，是那些因為已經認識失敗和成功，不需要再證明甚麼的領袖。失敗教導我們不要害怕別人的鄙視。成功教導我們不要信任別人的喝彩。當鄙視和喝彩都不再推動你的心躲藏或努力時，你便預備好問這個問題：「上帝，甚麼會討你喜悅？」

對那可能是甚麼，我的理解容許不斷的修改和改變，不過它容許遠象的大膽和焦點的單一。我不能夠教一班學生，一個星期預備兩堂講道，到醫院探望幾個人，在長老委員會救火，每天回覆八十個電郵，為建築計劃籌款，寫完一本書，做抑鬱的同事沒有完成的緊急工作，回覆二十個口訊，並做我兒子棒球隊的教練。我不可能做這一切，仍然活出上帝呼召我去做的事。

很明顯，很多教會和機構都不能夠承擔聘請真正大膽和矛盾的領袖。這種領袖不受忙碌的節奏束縛，因此會藉著自己的生活方式，對抗和揭露那些支付他薪金的人的愚蠢。例如：苦惱和疲憊的教會，怎會支付薪金去看它的牧師活出有焦點和矛盾的生命？他有時間閱讀、禱告和流淚，是被推動和工作過量的教會會友不能忍受的。把他幹掉吧！

如果我們是大膽的領袖，我們便驅使人們重新細想文化的規範。這種規範說：「趁能夠的時候得到它！將自己推到極限！」那假設是你必須趁白天工作，然後在晚上休息。問題是晚上也有令人疲累的工作。因此，除了退休外，沒有真正的休息。如果你努力工作並明智地投資，或許你在四十多歲或五十出頭時便可以退休。這種哲學與希望藉著贏得彩票以避免破產相似。那是蠢人的存在，沉浸在宿命論中。

不過，蹣跚的領導那顛倒的現實，是醒悟並不產生宿命論，而是產生盼望。理想主義在努力要糾正所有錯誤時，將領袖推進每場戰爭中。隨著時間過去，這種理想主義將領袖推向牆壁，揭露和澄清她的限制。撞向牆壁的痛苦，在看到自己的理想主義受到致命的傷害時出現。撞向牆壁帶來的盼望使人明白，醒悟令領袖脫離今天做得比昨天更多的要求。更新蹣跚的領袖，使他們恢復活力的盼望，來自知道自己的限制的自由。你承認你不能夠做一切時，便有自由更全面地接受上帝的呼召。

蹣跚的美在於它令你放慢腳步，迫使你用更多時間，阻止你好像你喜歡那樣做很多事情。死亡帶來生命的弔詭，要求你令很多人失望，藉以討一位喜悅。它要求你說「不」遠多於說「好」。它邀請你在更為深刻的層面安靜，幫助你辨別，你可以最明智和最有益地進入甚麼噪音中。

上帝呼召領袖對抗邪惡和行善。盼望將他們的工作集中，配合上帝的呼召。[1]

註　釋：

1. 我的編輯在讀完第九章後問我以下問題。「這一章有說服力地揭露忙碌的謊言，但卻沒有提供對一個相關的困境的解決方法。領袖可以怎樣說服長老委員會或董事會，支持她追求蹣跚的領導的弔詭；也就是服事耶穌，而不是自身利害或生產力？雖然領袖可能想踏上以耶穌為導向的路，但她也不想失去工作。你可以讓領袖看到怎樣引導委員會，讓耶穌可以得到服事，領袖也可以保住自己的工作嗎？」

   我的回應大致是這樣的：「羅恩：放過我吧。

   我沒有處理你提出的問題，因為這樣做會邀請很多領袖冒被辭退的危險。而因為閱讀和思想這本書而被辭退，對這本書銷量不會有好處，對嗎？

這個真理的應用，在於這兩者之間：承認你忙亂的生命在道德上破產，以及你更有智慧向老闆、職員或教會傳達這思想，而他們想有一個更平衡的生命，但卻因為害怕事情被打亂而不是這樣做。

機構不是拜偶像的，就這件事來說，甚至不是有罪的；只有人才有這些問題。但製造規範或要求某種價值觀的系統——部分合乎聖經，但不是建基於顛倒、蹣跚的領導風格那激進的要求——是很難明確指出的。系統往往需要被揭露，就好像支持系統的個人的罪需要被揭露一樣，如果不是更多的話。結果，挑戰系統性並往往是沒有明言的規範的冒險，可能引致坦克車輾過你身上，藉以鎮壓叛亂。

我希望有其他方法揭露忙碌的謊言。惟一可以這樣做的方法，是在我們閱讀上帝想我們身為領袖去寫的故事時，視它為同時是榮耀和無可避免的。」

第十章

界定你的呼召

你身為罪魁所作的三個決定

每個領袖都要問：**有我面前的一切，我會繼續領導嗎？如果我選擇繼續，我會怎樣領導，以致可以吸引我服事的人的心？**如果我們要吸引別人的心，我們必須進入深刻的戰爭：每顆心在某一步都想事奉上帝，在下一步卻選擇逃進更安全和更理智的生命。如果我繼續作領袖，甚麼真正界定我？

甚麼詞語最能夠描述領袖？你列出的清單會模塑你所做的事，和你會成為怎樣的人。那清單可以無限長：**英雄、智者、先知、聆聽者、代言人、籌款人、教練、催化劑、樂觀的人、說事實的人、外科醫生、顧問、助產士、牧羊人、有遠見的人、行政總裁、將軍、父母、朋友**。領袖被問及「哪一個詞語最能夠描述你是身為領袖？」時，至少有一個用以上的名詞。

很可能每個描述都是準確和好的，但沒有一個領袖提供我希望你會考慮的詞語：**破碎、愚蠢、不情願、渴求、或**

醒悟。人們回應我的研究時，提供的是名詞—— 確實和能夠理解的。我要求你考慮的是形容詞—— 流動和陌生的。領袖可能是籌款人或戰場上的將軍，但她是哪一**種**領袖？她是愚蠢、破碎、不情願的嗎？名詞描述客觀的角色，負責的部分，要依從的劇本。形容詞則更不固定和與性質有關，描述我們怎樣將我們獨特的印記刻在一個預期的角色上。名詞和形容詞都是需要的。

所以不單要考慮你身為領袖，人們有甚麼期望，也要考慮你**怎樣**領導。你必須決定身為罪人中的罪魁—— 保羅給自己的稱號—— 是否你對聖經中的領導的呼召的一部分。第二，如果你同意罪魁的身分是聖經中的領導必不可少的，你必須選擇自己接受這身分。最後，你必須進入決定的過程：何時和怎樣活出蹣跚的領袖。這三個決定會界定你的呼召。

第一個問題：這對我是真的嗎？

杜斯妥也夫斯基（Dostoevsky）的《卡拉馬助夫兄弟》（*The Brothers Karamazov*）中的宗教法庭大法官，因為耶穌沒有除去人類的自由而對祂發怒。他的論據是耶穌尊重人類的選擇，結果卻增加人類的苦難。如果耶穌在曠野受試探時，接受了撒但給他那統治世界的能力，我們便平安，不會遇到生命中的心痛。

> 宗教法庭大法官說：「如果你接受了那強大的靈的第三個建議，你便供應了人在地上尋找的一切，也就是：可以向某人下跪，有人接管他的良心，以及一個方法，最終將所有人聯合成一個共同、一致和無可爭辯的蟻塚——因為需要普遍的聯合是人類第三和最後一個折磨。」[1]

對所有領袖的試探是，透過某種獨裁的秩序侵害人類的自由，除去人類的苦難。沉迷於這種試探的背後，是所有烏托邦的法西斯主義。除去人類的自由，是出於誠懇和渴望服事被遺棄和扭曲的人類。但這一切都是謊言。如果耶穌在開始祂身為基督的呼召前，受到限制人類自由這種試探，我們可以預見這會是所有領袖持續的試探。

相比《22世紀殺人網絡》（*The Matrix*）中在紅藍藥丸之間作選擇，杜斯妥也夫斯基提供一個更有說服力的版本。紅藥丸會將你拋進現實，有現實的所有痛苦。藍藥丸可以令幻象維持完整，你會快樂和麻木。你會選擇哪種藥丸——紅還是藍？

好消息是領袖不需要在作教練、牧羊人或助產士，**和**破碎、愚蠢、不情願、渴求或醒悟之間作選擇。我們的選擇，是要不要在有關領導更為人接受的名詞上，加上指出我們蹣跚的形容詞。我們會容許令人困擾和謙卑的詞語進入我們領導的辭典嗎？你會是醒悟的助產士、愚蠢的牧羊人或破碎的教練嗎？

在聖經中，上帝所選的領袖是受困擾和惱怒的人。門徒甚至在耶穌升天後仍然等候即時出現政治的逆轉。彼得不明白恩典也給予外邦人，直到耶穌離開後很久，他仍然需要保羅與他對質，指摘他與受割禮的一伙串通。正如我們讀到，保羅稱自己為罪人中的罪魁。

這是真的嗎？在這個世界活出福音，真的要將大部分人對領袖的期望顛倒、矛盾、神祕地扭曲嗎？對！上帝呼召領袖作僕人。我們要藉著服事，藉著在成功時歸功別人，在失敗時接受責備，來帶領機構由好變成很好。我支持格林利夫（Robert K. Greenleaf）和彼得斯（Tom Peters）關於僕人領導的工作，但基督徒領袖的本質不是還有其他東西嗎？身為謙卑的僕人會否只是那競賽的開始？下一步是否在弔詭中生活，就好像邀請領袖在開始一天的勞動前，化裝成小丑那樣令人窘迫？這是真的嗎？你必須決定。

第二個問題：是我嗎？

無論你是根據上帝最常運用的模式成為領袖，還是小心地計劃晉升到現時的地位，問題都仍然是：**我最渴望甚麼？**

一位帶領輔導和調解事工的朋友最近寫信給我，問：「甚麼令你繼續下去？甚麼鼓勵你？你可以以其他方式謀生時，為甚麼留在瘋狂中？」她多年以來都是成熟和對福音充滿熱誠的模範。我問她為甚麼提出這些問題時，她說：「我幾乎每天都預備放棄。我不知道為甚麼你可以維持忠心多一天。」

每個配稱為領袖的人都問同樣的問題。那任務是荒謬的。障礙每天增加。以前的僱員散播謊言和閒言閒語，或者威脅要控告你。現在的僱員不願意冒必要的險。領導別人是一間滿佈鏡子的房子，也是一間瘋人院，一個有三個圓形場的馬戲團，加上一個動物農莊和一場炮戰。

但我想像自己贏得獎券，想到會怎樣處理我的意外之財時，我總會回到現實——我喜歡我所做的事。我可能想做少一點，但我不想做其他事情。我不能假裝我不是馬斯希爾研究院的罪魁。我認識我們店裏的其他罪人，他們的蠟燭比我微弱的火燃燒得更光亮和清晰。但我也知道上帝不折斷壓傷的蘆葦，也不吹熄將殘的燈火。我是一團糟，但我感激多於失望，敬畏多於迷惘，因此我繼續下去。

每個領袖都要面對究竟要維持現狀，保持機構的形式，還是福音那徹底的顛倒不單是真的，對他來說也是真的。對大部分領袖來說，理性的同意並不足夠；改變必須在良心和呼召的危機中生出。個人必須**選擇**自己會怎樣領導。

第三個問題：是現在嗎？

我們都是因循的人。今天很多需要做的事情我都不會合理地做，以我的因循，我會選擇延遲做其他事情。我管理自己的日子的方式，和我選擇牀頭櫃放甚麼書的方式相似。如果一本書可以去到牀頭櫃，它便得到很少書可以得到的優先地位。我以百老滙（Broadway）導演的辨別力選擇書籍。我不理會出版那本書需要甚麼犧牲；我只關心那本書是否值得放在我的牀頭櫃。即使那時，我也只會讀四十到六十頁，才決定會否投資時間讀完它。我可能沒有作出很好的選擇，但我是有辨別能力的。不過我閱讀的每本書，都要求我向其他值得閱讀的書說「不」。那完全是關乎現在甚麼應該佔據我的心。

你可能同意蹣跚地走不單是真實的，對身為領袖的你也是真實的，但你決定現在不是實行任何改變的時候。現在開始蹣跚而行可能令你失去工作，而這工作對獲得所需的經驗，以取得更好的地位，藉以更好地講述真理是十分重要的。當然，你也可能對自己說謊。我們的動機——即使在我們做最真實的事情時——在最好的情況下也是混雜的。我們說出事實，可能是因為我們對失去熱誠和目的的年間感到憤怒。但不說出全部事實，對僅能夠承認生命不是一個接一個的祝福的羣體，可能是更明智的做法。

現在做一點兒，將來做更多，肯定有時是最明智和最誠實的行動方法。不過，在其他時候，漸變是不能容忍的，因為危機要求即時和戲劇性的改變。蹣跚的領袖必須明智地選擇甚麼時候將隱祕的動機公開。與配偶和親密的朋友檢查那決定；尋求他們的禱告和祝福吧。

我輔導過一位女士，她是一間著名律師樓的合伙人。她告訴我合伙人之間的張力在機構中帶來破壞。每個人都耗盡，但他們仍然接受基本設施不能夠應付的更困難案件。她的婚姻正陷於災難的邊緣，她也知道好些其他僱員也是只能勉強應付。

她與一些跟她一起禱告的女士分享自己的重擔。她閱讀聖經和小說。她笑和哭。她與丈夫討論在下次股東大會上勇敢發言的代價。他們知道這樣會結束她那份待遇很好的工作。

她很努力工作才得到現在的地位。最初她拒絕成為提醒公司的愚蠢和自大的人。但我給她的輔導幫助她看到，說出事實從來都不是軟弱，實際上更需要勇氣和很大的信心。她終於告訴合伙人，她不明白誰或甚麼，推動對人事和資料的魯莽錯誤管理。她也問公司那失控的野心，是出於貪婪還是自大。

公司較年長的合伙人瞪著她，彷彿她成了叛徒。她告訴他們，她無意辭職**或**繼續不人道地長時間工作。她也高聲問，有沒有人想看到自己的婚姻和孩子因為別人的貪心或自大而受苦。她講述自己對孩子及丈夫的夢，她承認她繼續告訴家人自己沒有時間作母親和妻子時，展示了她缺乏勇氣。這位女士明顯選擇不說謊或躲藏。她好像蠢人一樣從會議中蹣跚地走出去，但她知道她的靈魂比得到整個世界更重要。

這名女士的勇氣引發長達一個月的重新考慮：公司會接

受甚麼案件？怎樣重新分配工作量和財政收益？她仍然在同一間公司工作，是其中一個最受尊重的律師，不單因為她在法庭的表現，也因為她向同事講出事實。

是時候讓你成為蹣跚的領袖嗎？或許作出那個決定需要更多思想和禱告。或許你會等到你被迫進死角，才決定渡過雅博河去見上帝。在某個意義上，這是不要緊的。那時間會來，你可能讓它過去而不選擇成為蹣跚的領袖。你可以肯定另一個機會，會好像水平線上的雲一樣再出現。你在今生蹣跚的機會有很多，上帝喜歡為了自己的榮耀而精心安排那些機會。

這本書的餘下部分假設你已經決定接受蹣跚的領袖那矛盾、顛倒的生命。那麼，你是你機構的罪魁實際上有甚麼意思？

註　釋：

1. Fyodor Dostoevsky, *The Brothers Karamazov* (New York: Knopf, 1992), 257.

第十一章

蹣跚領導的目的

模塑品格，而不是管理機構

蹣跚的領袖顛覆那些將領導界定為管理機構的人的期望。蹣跚的領袖並非不聘請、辭退、升遷、獎勵、懲罰或委派職員。這些是領導不能避免的職責。但領袖的活動的目的，不是機構的發展，甚至不是滿足需要或行善。蹣跚的領導的目的是品格的成熟。

正如你可能察覺到，二十世紀大部分時間，甚至到了二十一世紀，大小機構都為了更大還是更好而爭論不休。這是二元的爭論，而這樣便忽略了這個明顯的事實：在提出一些觸及人心的事情時，數目往往會增加。用論證的話來說，提供更好的東西時，「更大」便會出現。結果很多教會嘗試提供更好的東西：日託服務、青少年節目、基督少年軍、小組、以尋道者為導向的講道、方便的泊車位和有小型保齡球道的運動室。

甚至在教會中，「更好」都成了由消費者推動的觀念。

我們確定熱門課題，和贏得最多顧客、客戶或會友喜歡的方式。不過，在做更好的事情時，更重要的價值觀卻退居次要地位。或許在透過做得更好而令機構變得更大的工作中，領袖看不見培養品格這個目標。

領導完全是關乎品格。我是一個人物。我有品格。（譯按：人物、品格和角色在英語都是 character。）而身為領袖，我應該參與轉化你的品格。**品格**這個詞源自「雕刻刀」（“stylus”）的希臘語。它是用來刻木或在蒲草紙上書寫的工具。它雕刻、書寫和模塑。

所有領袖都必須有角色，也必須接受自己的角色。我在上帝的故事中有角色要扮演，這表示我**是**一個角色。同時我要以正直和恩典扮演那個角色，這表示我**有**品格，是可以衡量為良善或缺乏良善的。如果我的品格可以在別人裏面培養基督，我的品格便是良善的。

培養品格

所有生命的目的都是令每個人在基督裏變得成熟。每個人都應該變得像耶穌——並在別人的生命中印上一種美，吸引他們到耶穌那裏。那呼召的範圍是那麼大，以致是不能理解的。它表示納入生命的每方面，由我吃喝甚麼到我怎樣在那一個目標下投票。

難怪我們嘗試將神聖從世俗區分出來。稱某些行為為公民或世俗，然後容許其他活動獨特地具有宗教性是容易得多的。但聖經不容許這樣。我們所做的一切都有潛力歸榮耀給上帝或羞辱上帝。[1] 難怪我們那麼努力找出活出生命的「基督徒」方式。對基督徒羣體的一大部分人來說，那表示投票給共和黨，並反對同性戀，反對女性在教會擔任領袖，以及反對克林頓夫婦（Bill and Hillary Clinton）。其他人則相信活出生命的基督徒方式，涉及屬靈操練，例如禱告、默想、禁食和施捨。還有一些人則專注於支持對基督徒好的議程或機構，例如給窮人食物，建立強而有力的婚姻，陪伴破碎的人，或佈道。

我輔導過一個十分富有的人，他建立了幾個全國性的基督教事工。他的婚姻破裂，尋求我的幫助。有人問這個人甚麼引導他的生命時，他立即回答說：「認識基督和讓別人認識祂。」他一生的目標是將一切交託給耶穌，雖然他承認自己每天都不能夠達到這個目的。

在一節輔導期間，我處理這個人對妻子的專制和貶低行為。他妻子也在房間裏，她在聆聽。那人向我發射一連串自我辯解。我反對時，他說我根本不明白他的太太有多失敗。他說在輔導的較早時候，他太太表示願意改變，令我動搖。我們這樣繼續下去，直到我說他的自義是醜陋的。然後他憤怒地離開我的辦公室，破口大罵，令他的妻子不能夠回家。

這個事業和信仰上慓悍的人是徹頭徹尾的自戀者，他的財富和權力令他不聽任何反對他空虛、沉溺和脆弱的自我的東西。他與很多著名的基督徒領袖一起有團契和查經。沒有人問他怎樣對待太太和下屬。這些領袖也沒有要求他講述，將他引向空虛和殘暴的童年故事。沒有人嘗試在正確地投票、查經和忠於機構這些傳統結構以外，培養他的品格。而我相信大部分基督徒的情況都是這樣。

培養品格究竟是甚麼意思？品格在我們愛上帝和別人中得到培養。真實和永恆的愛，始於崇拜那位以出人意表和不可理喻的恩典救贖祂子民的上帝。因此，我們在多大程度上被感激和敬畏捕捉，便在多大程度上培養品格。

感激

生命完全是恩賜，我們接受這恩賜時便成長，跟耶穌相像。我只需要從鍵盤抬起頭便看到我太太。她在我寫這一章時拿一杯咖啡給我。不單這樣。我們現在身處夏威夷（Hawaii）的比格艾蘭（Big Island），我坐在躺椅上看著藍色的太平洋（Pacific Ocean）。那景色令人興奮。我知道每一口氣、每一次心跳都是恩賜。我看到的一切，沒有一個分子是我配得或賺得的。我太太和周圍的美、太陽、陸地、水和空氣這些無可比擬的恩賜，令任何以為自己擁有，或有權得到它們的假設都顯得可笑。一切都是恩賜。如果物質、可見的世界是恩賜，我們復活的上帝的擁抱豈不更是恩賜？

品格的培養，在我們接受蒙赦免是比生命本身更大的恩賜時發生。如果最大的恩賜不是我看見甚麼，而是我被永活的上帝看見；我的感激便沒有限制。我忍受幻象的失去，夢想的死亡，成功的破滅時，它可以無限地生長。苦難將我們的心嫁接到恩典。

考慮到這赦免和生命的恩賜，我要成為怎樣的人？答案和福音一樣複雜和簡單：我要自由。感激的果子是脫離死亡和它無數表兄弟——恐懼、羞恥、疏遠和更多——的自由。自由生出甚麼？與在歡樂和哀傷中的新恩典的揭示，搭上嬉戲和好奇的連繫。有感激的眼睛的人，他們一切的感官都有自由接受和參與美最細微和模糊，以及最全面的展示。感激也釋放內心為了污染美的東西而感到憤怒。感激對生命的一切努力，都帶來即時的熱誠。

思考一下這幅十分不同的圖畫：我記得自己參加過一個五歲討厭鬼的生日會，他從母親手中搶去禮物，十分鄙視地打開。他看自己收到甚麼，然後將它丟下，彷彿禮物毫無價值，然後又去拆另一份禮物。他的母親憂愁地嘗試停止他的毀滅力量，說：「親愛的，這不是很好嗎？對喬叔叔和蘇珊姨說多謝吧！」那男孩沒有感激，部分原因是沒有甚麼帶給他驚奇或敬畏。他感到在生命中的好事物都是他應得的，所以沒有因為收到不配得的禮物而高興。

沒有某程度的敬畏，不可能有真正的感激。剛才我太太不單拿咖啡給我，她也將手放在我肩頭上，說了一些仁慈的話。那是簡單但我沒有預期的恩賜，我感到驚訝。如果我們**期望**恩賜——例如生日禮物——我們可能會高興地驚奇，但卻很少經歷敬畏。

敬畏

敬畏是在比我們更榮耀的物件或人面前跪下的能力。那是受造物在造物主，和造物主透過創造表達的偉大面前的恰當姿勢。那是衝去一瞥驚人地美麗的日落，然後向一個完全陌生的人說「那不是令人興奮嗎？」的經驗。我們俯伏在偉大面前，因為我們受造是要仰慕和尊崇榮耀。敬畏和妒忌相似，但沒有妒忌那種渴望，要擁有或破壞我們不能擁有或成為的東西。

我會花很多小時聆聽和讚歎克利夫蘭（Ashley Cleveland）或希伯特（Lamont Hiebert）的音樂。我可能聽過一首歌五十次，但一個音節的精妙之處最終會吸引著我，我因為可以在藝術家那詩一般的存在中而感到敬畏，即使只是透過鐳射唱片的神祕蝕刻。存在的奧祕是要令我們激動，提醒我們每一口氣都不是由我們創造，也不是我們可以控制的。

每一個敬畏的音節，都要為了我們與全然的榮耀——上帝的同在——面對面的那天預備我們。坐在過山車前面，或坐在第四行座位觀看一個出色的小提琴手表演琴弦上的奇迹，是一種滌罪的形式：它清除我們的平庸，引起我們對超越自己的事物的渴望。

感激號召我們，藉著接受自由而完全成為自己，敬畏卻邀請我們完全成為比我們自己更大和更榮耀的一部分。那是以他者為中心的感官享受的奧祕。我們感到樂趣，不單是為了自己，也是為了別人。我們在給予別人時感到喜悅。我們給予別人時沒有失去自我，也沒有將別人吸收。相反，那裏有對別人的尊重，在我們以自己的一切服事那人時，給我們很大的喜樂。

那麼，培養別人和自己的品格是甚麼意思？它涉及委身於生命中一切引致感激和敬畏的事情，而不是那些產生傲慢和控制的事情。你認為你應得的東西會將你變成奴隸；你認為你能夠控制的東西會將你吞噬。培養成熟要求我們揭露虛假的神，並邀請我們的心渴望只有上帝可以提供的東西。

如果你的心充滿感激和敬畏，這對你投票給誰或怎樣運用金錢會有甚麼影響？敬畏的存在會容許你視你的票，或你對金錢的運用為榮耀，為榮幸，要以謙卑和開放，而不是驕傲和教條主義來運用。因此，你視每一個處境為與那些比你知道得更多的人談話的機會。敬畏令我們所有人都可以，每天承認我們十分需要，比我們今天所擁有的更大的智慧和榮耀。我們有一天會面對面理解上帝；今天我們得到恩典可以一瞥祂的背部。每次與榮耀的相遇，都激起對更多榮耀的渴望。因此我們蒙召成為終生的學習者。

領袖蒙召以品格領導。按他們對上帝賜給他們的品格的感激程度，培養別人的品格。我們不能不接受自己的榮耀而培養別人的榮耀。

成為一個角色

「他是這樣的人物」，她憤怒地說。如果和我一起吃午餐的人以奇想或喜悅說這句話，情況會十分不同，但她的話是指摘。從她的立場看，我知道他的品格不是資產。

「她是這樣的人物」這句話在上帝用來指地上的人時，只用來正面地指很少人。我們在人生舞台上都有身分、角色要活出。上帝呼召我們活出我們的角色，藉以顯示上帝的某些品格。角色反映品格。角色為我們在反映上帝的故事中的獨特身分定下舞台。

我做研究和寫這本書時，我的好朋友和同事格倫茨（Stan Grenz）意外地死去。他死前兩星期，我與他一起吃午餐，問他在馬斯希爾研究院教書的經驗。他說：「我喜歡我們有大夢想，很大的夢想，而又不害怕被視為愚蠢。我們在我們嘗試做的很多事情中都會失敗，但那只是因為我們冒險去夢想——遠遠超過大部分其他人認為合理的事情。」他的評估令我深受感動。我問他：「你認為為甚麼其他人不這樣做？」他挨向前低聲和神祕地說：「大部分其他神學院都沒有聘請傻瓜作院長。」

你需要認識格倫茨才能夠感受他話中的深意。他是十分尊重別人和高尚的人。他很出色和機智，平民化和粗野。他可以用德語引述路德的話，將它翻譯成英語，然後變成愚蠢的雙關語，再十分小心地回到剛才討論的頭痛問題。他關於我愚蠢的話同時是恩賜又是警告，我仍然有很多事情要學習。

地上沒有第二個格倫茨，也永遠不會再有人像他。我能夠認識他，是多麼的富足啊！任何有品格的人都是這樣。

要成為一個角色，需要為自己獨特的存在心存感激。我們有沒有為了可畏地刻在我們性格上的優點而喜悅？我們有沒有讚賞那些優點怎樣美妙地服事別人？如果我們不察覺自己那可畏和奇妙的潛能，我們很可能沒有因為自己的失敗而感到困擾，或者因為自己傷害了別人而哀傷。我們看見我們可以實現的榮耀時，我們選擇廢物而不是黃金，便會令我們心碎。

不過，我們的呼召往往經我們的弱點和優點模塑得同樣多。我們傾向帶著自己的優點奔跑，避免那些揭露我們的缺點的人和任務。但上帝的故事不是人類潛能的事件；它是顯示天父的仁慈和熱誠，祂尋找和救贖罪人。因此，我們的優點在某些任務和機會中可以幫助我們，但我們的無用和罪卻令上帝故事的榮耀為人所知。

受虐者領導訓練研討會（Survivors of Abuse Leadership Training Seminar〔SALTS〕）七十多歲的主管桑迪．伯迪克（Sandy Burdick）的故事，說明我們的軟弱怎樣成為上帝的力量。她的研討會是處理性虐待最成功的平信徒訓練課程。桑迪在一間教會擔任婦女事工主管時，她和丈夫比爾（Bill）贊助教會一個「受傷的心研討會」（Wounded Heart Seminar）。

參加者表示他們在研討會期間發現自己被虐待的故事。桑迪問我，她應該做甚麼，我提議她成立一個小組。一羣婦女和她一起研究材料，然後開始講述她們的故事，後來她們發現有很多受到虐待的受害人需要有安全的地方讓他們復原。

桑迪很快投身在這個課題中，很多婦女聽聞她願意談論這個大部分人選擇隱藏的問題。她的事工發展下去，直到她協助訓練領袖帶領十五組婦女和五組男士。

桑迪・伯迪克是仁慈、深思和隨和的領袖。她討厭衝突，也不喜歡煽動人。她會很喜歡一直在教會主管婦女事工。不過她被迫戰鬥，不單為了SALTS，也為了給受傷的人一個安全的地方。教會中的條文主義者提出一些再虐待受傷的人的觀念：「多讀聖經和祈禱吧。」「你需要饒恕和忘記。」「心理學是異端。」「有男人在場時，女人不能夠教導聖經。」教會中很多人相信，受害人需要在十二個星期或更短的時間內復原。

桑迪・伯迪克不單不情願當領袖，她也沒有預備好領導她開始的工作。她有中學文憑，也在麥歇根大學（University of Michigan）讀過三年書，她對建立基礎發展一門事工不感興趣。很多人協助她建立那個機構，機構現在訓練十分不同的男女，包括東正教教士、本土美國和加拿大人，以及波斯尼亞難民。

她充滿熱誠和堅定。她沒有要求建立服事受虐男女的事工，而她選擇離開教會，藉以繼續照顧那些經歷過出賣和虐待的人，也付出了很大的代價。或許她工作中最艱難的部分，是面對自己受虐，和她在婚姻中以及與孩子的掙扎。來自地獄的潘朵拉盒子（Pandora's Box）彷彿打開了。她闖進邪惡的發射線中。

桑迪做了傻瓜會做的事情——她沒有放棄。她讓與丈夫的衝突帶來更大的誠實，他們在六十多歲時開始接受婚姻輔導。她沒有忽略孩子的心痛，但鼓勵他們深入他們與父母及彼此的掙扎。這份勇氣的結果是整個家庭甜美的救贖。比爾現在帶領一個受虐者的小組，桑迪和比爾的幾個孩子都參與帶領受虐者的小組。

桑迪那弔詭的脆弱和力量的榮耀，令她羣體中很多人都能夠同時追求謙卑和更大的勇敢。她是活生生的謎：聰明的傻瓜，有勇氣的懦夫，有罪的聖徒。她活生生地體現了「既濟與未濟」（“already and not yet”）。

我們的罪，我們在愛方面的失敗，令我們活出的故事成為福音的故事，而不單是成功或有幫助的故事。我們毋須故意失敗或犯罪去創造良好的故事；我們頗為自然地失敗和犯罪。這個現實帶來一個重要的領導的弔詭。

領袖——無論在家裏、教會、商界、羣體還是政府——都因為角色而有權力，但她地位上的權力不會為個人或機構帶來好處，除非有品格的資本支持。你可能服從一個有權力或權威的領袖，但你不會努力為她或機構的事業服務，除非作為與你一起服事的人外，你也尊重和關心她。

領袖蒙召要比任何人都走得更遠。身為治療師，我知道我不能帶領任何人，走到比我自己選擇的路更遠的地方。我永遠都不能要求或期望，接受我輔導的人比我所願意的更誠實、更謙卑、更願意饒恕或犧牲。無論我在成長中於哪裏停下來，那就是將文明和無人之地分開的不可見界線。因此，如果一個人渴望帶領別人變得成熟，而不單是富生產力，他便必須先上路。否則產生的衝突會阻礙前進。

但這裏再次有一個困境：我必須先朝成熟走，而我無可避免會失敗。我渴望視顧客為最優先的對象，將別人當為基督那樣服事。但我要等多久便有第一次失敗？或許我會堅持一小時、一天、或者甚至一星期，但我最終會令我堅守的任何價值觀作廢，因為我是罪人。

標準的世俗回應是甚麼？「沒有人是完美的；盡力而為吧。」這是善意但空洞的鼓勵。我的最好也不夠好——永遠都是。如果它夠好的話，我們便會有世界和平，在我們喜歡的餐廳也不用排隊等位。需要的是比我的最好更好。那是關於我是誰的真理。我必須承認我傾向游離，我的忠心反覆無常；會在背後誹謗別人多於以恩典待人——我也是自私的，而不是委身於你的好處。

指出好像這樣的事實有甚麼好處？我愈誠實指出關於我的事實，我愈不用隱藏、自辯、裝腔作勢或假裝。我愈自由地接受來自任何地方的幫助，我對自己接受的任何仁慈的獻禮便愈感激，我愈渴望以恩典待人，而不是要別人為他們真實，或我看到的失敗付上代價。

因此成功的領袖指出自己的失敗——而不致上了認罪的癮或邀請別人可憐自己。承認失敗開放一個供討論和計劃行動的領域，處理傷害而又不致將傷害淡化。承認我們的失敗是淨化空氣，開放一條提供解決方法的新路的機會。

我愈成熟，便愈明白耶穌的高尚和聖潔榮耀，以及我距離祂的美有多遠。我年青得多時，以為自己頗為成熟。我年紀愈大，便愈因為好像我這樣糟的人也竟然獲准事奉，而感到全然驚歎。

這不是誇張。我是馬斯希爾研究院的罪魁。承認這種事情可能產生與期望不同的後果。它可以引致別人逃跑，或引發人頭向前地潛入一個自我輕蔑的大盆中。但將心的大門向饒恕的能力打開，令認罪被誤用的可能，成了值得冒的險。畢竟，身為罪魁，我蒙召反映耶穌的耐心和憐憫：

> 「基督耶穌降世，為要拯救罪人。」這話是可信的，是十分可佩服的。在罪人中我是個罪魁。然而我蒙了憐憫，是因耶穌基督要在我這罪魁身上顯明他一切的忍耐，給後來信他得永生的人作榜樣。[2]

有品格

領袖必須明白自己的長處和缺點的獨特組合，這組合反映上帝的品格；然後她必須經常好好地講述自己的故事。領袖首先是講故事的人。她講述關於自己的愚蠢、救贖、和好，以及與上帝及他人修好的故事。她是上帝繪畫用的畫布，顯示祂恩典的美。

領袖把他生命中恩典的故事講得愈好，愈能邀請別人思考自己的故事和呼召。他愈全心地選擇福音的熱誠的生命，便愈有效號召別人實行良善。在這個意義上，領袖要麼有良善的品格，要麼則不然。有些品格對別人的影響是令人洩氣或脫軌的。他們不以正直或真實來生活。但活出自己的呼召，反映自己品格的人，邀請別人接受自由、仁慈和力量。

教會培養很多好心的人，他們不明白自己的品格。因此，他們邀請別人接受的生活，只是比中產階級有禮和文化上稍為得體，溫和地以很多聖經經文作調和，使之合理的一種舒適、資產階級的生活方式。有人問他們「你怎樣獨特地反映上帝？你的故事怎樣模塑你去怎樣反映上帝？」時，答案傾向是「我有行政的恩賜」，「我教主日學」，「我喜愛青少年」，或「我定期奉獻給教會」。我們不習慣思想我們的品格和我們的角色，除了根據我們做甚麼外。我們很少根據我們**怎樣**做我們所做的事來思考我們的角色。

我是神學院的院長。但根據格倫茨的看法，我也是傻瓜。他的意思是甚麼？唔，他知道未信主前，我花了很多年時間推銷非法藥物。以這種能力，我花了很多時間籌款來買更多貨品。我學懂說服別人和堅持。我也學懂怎樣使用零點九毫米口徑的手槍。但更重要的，是我懂得大部分人都害怕承認自己是誰和想要甚麼。他們甚至害怕冒險追尋有罪的夢想，更不要說推動靈魂的遠象。我在藥品貿易中的經驗，教導我以我的生命和安全冒大險，因為傳統的生活似乎並不值得活。我永遠都感激我身為邪惡的人時學到的東西；它繼續模塑我身為研究院院長時的生活方式。

我的性格很適合新成立、緊張的學術世界，但如果要我在傳統的學術世界教書和做行政工作，我會是圓孔中一個梯形的塞。更甚的是，如果我嘗試在傳統的教會擔任牧師，我會是固體世界中的氣體。我是一個人物，但要活得好和行善，我必須在合適的環境活出我的品格。否則我的角色和羣體即時的需要之間的不協調會很大，以致我會顯得沒有多少正直或沒有心行善。可惜很多人嘗試在不配合自己性格的戲劇製作中，扮演自己獨特的角色。他們跌倒，不是因為他們活得不好，而是因為他們獨特的力量和弱點並不配合處境。

因此領袖需要問這些問題：**我是誰？我應該在哪裏事奉？我應該怎樣為了好處而運用我的恩賜和忍受我的弱點？**好的故事，是我與我服事的人一起創造的。我們需要成為一個羣體，這個羣體喜歡講述我們很需要福音的故事，歡慶恩典的榮耀的故事，以及我們怎樣成為現在的我們的故事。事實上，我們冒險的故事是講述我們渴望成為誰的故事。

註　釋：

1. 參哥林多前書十章 31 節。
2. 提摩太前書一章 15 至 16 節。

第十二章

品格的羣體

沒有人獨自變得成熟

故事引導我們界定我們是誰，我們怎樣來到這裏，我們去哪裏，以及我們必須做甚麼才能到那裏。故事組成那材料，建立我們獨特的使命和異象，或者更好的說法是，建立我們獨特的文化。每個機構都是一種文化，有它本身的語言、精神特質和印記。那文化引導個別的人朝向機構的價值觀，並顯示他們可以怎樣配合它的目的和視角。

領袖怎樣配合這種文化？每個領袖都是講故事的人，代表羣體敍述它存在的核心理由。

要明白文化故事的重要性和它們模塑品格的力量，思考一下教師怎樣教導小學生關於建立我們國家的先賢的事迹。每個學生都聽過關於華盛頓（George Washington）砍斷櫻桃樹的事。後來有人問他有沒有這樣做時，他說：「我不能說謊。」老師接著通常會說一個關於誠實的阿貝（Abe）的故事。這些故事的道德教訓是：我們是一個說真話的國家。我們不接受謊言，所以你們最好好像先輩那樣説真話。

將這個説明延伸，我們的國家是世界的光。我們不單説真話，也活出真理。結果，我們要維持一個形象，推動一些價值觀，是界定我們是誰的。列根（Reagan）總統這個説故事大師，在越戰和水門事件（Watergate）的犬儒的七十年代後，使用山上的城市這個比喻來恢復我們榮耀的光輝。

不過，這些故事沒有承認我們藉以成為道德強國所採用的黑暗和欺詐手段。我們從北美洲原來的居民那裏偷去這片土地，然後將本地人驅趕到今天很大程度上不能居住的地方。我們將大量非洲人從他們的祖家綁架來，要他們執行種植、鋤地，和建立我們國家基礎建設這些艱苦繁重的工作。無論我們邀請印第安人參加我們的感恩節筵席，或聽汽車城音樂（Motown）或饒舌音樂（rap music）多少次，那都不是光彩的過去。那是傲慢和自義地盜竊，以強權代替公理的歷史。

美國好像街上那些表面值得敬佩，但卻在緊閉的門後隱藏著亂倫和酗酒的家庭。家庭的公開一面是努力工作和在道德上正直，因此説出的故事並不是活出的故事。故事情節被編輯和重寫過，藉以隱藏呼喊著要被指出和赦免的罪。

為甚麼感恩節是筵席，而不是承認我們竊取了土地的時候？為甚麼沒有節日記念對非洲奴隸的暴力罪行？理由是如果要記念的日子號召我們哀傷和悔改，賀卡公司和連鎖超級市場永遠都不能賣出足夠的賀卡、火腿和火雞，以致那日子配稱為節日。

關於一個國家和家庭的事實會模塑那文化的精神特質，包括教會和其他基督教機構。而由於故事模塑我們的身分和呼召，因而也模塑我們的品格；我們必須努力講述沒有糖衣包裝的故事。我們必須說出事實，全部的事實，以及很多醜陋的事實。

一個有良好品格的羣體必須講述誠實和感人的故事，藉以成為轉化的羣體。不幸的是，大部分機構提供的不是好故事，而是經修編（spin）的故事。故事有力量模塑品格；修編的故事沒有靈魂或苦難，因而製造虛偽。修編屬於魔鬼。

修編的欺詐

修編嘗試以熱情和炫耀講述一個沒有瑕疵的故事，而真理總是更複雜和灰色的。修編在參差不齊的邊上放墊料。修編最失控的地方是在關係危機的領域，例如有人被辭退。

人事法例禁止僱主講述個人的僱傭紀錄，或他們離職的原因。除非那離開是不傷和氣的，否則它會隱藏在祕密和沉默中，那真空通常很快便以激烈的閒言閒語填補。有一段時間，傷口流血，令機構失去活力。為了止血，很多領袖求助於修編。

我們告訴教會，瓊斯弟兄（Brother Jones）會尋求其他事奉的機會，我們感謝他的努力，並祝他一切順利。教會會在下一次崇拜後於圖書館舉行茶會，讓會友可以與他話別。我曾經是被辭退和辭退別人的人，而無論在哪一邊都是惹人討厭的。現在不能做甚麼，包括説出事實或令那離開沒有那麼痛苦，沒有那麼多閒言閒語，或破壞性較低。

不過，**可以**説出來的，是關於不能説出事實的這個事實。我們可以説：「由於人事法例禁止，我們不能告訴你們瓊斯弟兄為甚麼離開。但可以告訴你們，我們都努力以誠實和仁慈處理這個問題。過程中沒有人沒有傷害和誤解，但大家同意這個結果。我們請求你們，不要花寶貴的時間猜測或傳遞長老沒有批准的資料。讓我們以禱告和仁慈度過這時刻吧。」

一間教會或一個機構必須明白保密的好處，和它可能被誤用為屏幕，隱藏昧著良心地誤用權力的事。離職是無可避免的，我們需要承認它是每個機構重新調節的一部分。不過，如果太多人離職，或者是由一個人或一小羣人人引發很多人離職，我們便應該警惕。任何機構都不應該，由可以獨斷而不受懲罰地聘請或辭退任何人的一個人，或自我委任的委員會管理。

我現在有好些問題問你：你有沒有聽過一堂道，是關於在結局不好時，盡可以令它結束得好？或者你甚麼時候聽過牧師講述被另一間教會辭退，談及引致他離開的事情，並詳細講述他從那經驗中學到甚麼？在這兩種情況下，我們都修編而不是説真話。

修編也是推進機構的努力。思考一下任何新的發展，例如建築物、聘請或增長，都需要一段準備時間，幫助人們明白為甚麼新的混亂和犧牲會是需要的。因此那軍號召集部隊聆聽動人的演講、含糊的計劃和戰爭的鼓聲。這是設計來征召支持和金錢的修編，而不是描繪明天那些挑戰、障礙、機會和不確定的領域的真實圖畫。倚靠權力和權威的領袖喜歡確定——而修編提供確定——藉以令人們接受他們的異象。

我們很少聽到，改變對個人的高昂代價或失敗的可能。要面對的主要障礙，或應付這些障礙的具體計劃，不大會甚至完全不會被提到。思考一下關於佔領巴格達（Baghdad）和解放伊拉克人民，那供給美國人民的修編。我們獲告知：「伊拉克人會在街上跳舞。他們會歡迎我們，視我們為解放者。」政府從沒有承認很可能會有長期的叛亂。解散伊拉克軍隊將延遲民族自決（self-determination）很多年。那是很大的錯誤，但軍方或布殊（Bush）政府都從沒有承認。為甚麼？

答案很簡單：沒有總統可以承認嚴重的判斷錯誤而繼續影響國會，及維持美國人民的信心。我們活在其中的文化，認為承認錯誤或對冒險和失敗承擔責任，比放棄遊戲更糟。我們惟一可以生存的方法是對個人的失敗視而不見，然後以不同的面目公開示人。這叫做虛偽。

在希臘的劇場，演員拿著一個放在棍子上的面具，擺在臉孔前，描述一種特定的情緒或性格。面具為將要說的話定下背景。使用面具後來被稱為**扮演**（hypocrisy），或者「有兩張面孔」。後來這個詞的意思成了「表裏不一」。修編是一種虛偽，只講述那些聽的人能夠容納的事。

我確信修編也是一種洗腦。想一想政治評論員那些自信的主張。我們在新聞中聽到一些事情，並想到：**那很糟**，但接著評論員將它修編，我們發覺它實際上不是那麼糟。修編軟化我們的義怒，打消我們採取行動的決定。當然，因為我們不想**真的**需要採取行動。修編給我們不行動的藉口，因為它告訴我們事情很可能沒有那麼糟。

我們聆聽公務員或福音的使者講及一個困難或一個潛在的得益，知道自己不是在聆聽那情況赤裸裸的現實。我們聽到的是不平滑的邊緣被磨平，「事實」變得更受歡迎。不過，蹣跚的領袖選擇事實而不是修編。蹣跚的領袖必須講述的故事，是提供薛華（Francis Schaeffer）稱為「真正的事實」的。

真理那釋放的擔子

真理是確定和有力的，它抓著我們時，我們無可避免地變得脆弱。真理應該令我們驚訝和軟弱無力。正因為這樣，我在羣體中能夠與真理最好地相遇。否則便沒有人幫助我承受真理那釋放的擔子。

真理站在我們面前，是上帝公義和榮耀的光輝，但它是極之容易壓抑的。只需要比一句話或一句委婉語多一點，便可以清除真理。例如：我發覺我兒子在練習結他，而不是為法語大考作準備。我以強烈和毫不妥協的力度向他說話。他對我說：「你太苛刻了。我只是休息十分鐘。」我走開，知道自己反應太大，但卻否認我是苛刻。我很容易對自己說：**我只是生氣**，而不指出我因為兒子浪費了取更高分數的機會而感到憤怒。

如果我面對自己大發雷霆這個事實，我便不能夠只是不理會我的憤怒。如果我講述完整的故事，我便會被驅使，開始指出我因為自己在學校表現不好，而感到自己失去的一切。我對兒子的憤怒——我以「生氣」這個委婉的說法來否認——容許我逃避我自己的故事裏的心痛。我以一句簡單的話逃避真理。

真理站在我們面前。她是脆弱和誘人的，但她對釋放內心的熱誠，卻是不屈不撓和堅定的。我們不會冒險進入真理，除非圍繞我們的，是一個抓緊機會指出真理，然後與在面對真理時屈膝的人站在一起的羣體。

希伯來書的作者寫道：「總要趁著還有今日，天天彼此相勸，免得你們中間有人被罪迷惑，心裏就剛硬了。」[1]我們要每天彼此鼓勵。如果我們不這樣做，罪的混凝土會凝結，自我保護的模式會硬化。罪便會界定我們的人格，以及我們應付生命的不確定和掙扎的方式。我們每天都要受激勵去愛和行善。否則我們靈魂的良好食物會沉到壺的底部燒焦。

不過，攪動人們生命中的壺的代價，往往是那些不想得到邀請去悔改和接受信仰的人的強烈反應。委身於活在上帝榮耀的真理中，令我們成為機構中那些害怕和向真理隱藏的人攻擊的對象。承認我們愚蠢、軟弱、實際上需要悔改，給懲罰人和自義的陣營很多彈藥對付我們，令別人反對我們的領導。但不活在真理中，也不活出真理卻糟得多：我們要不是躲避真理，就是選擇修編我們的罪和我們的故事。

聆聽你自己的故事

我們不能向別人展示我們的故事，除非我們察覺到我們自己的故事有更大的圖畫作背景。品格是在聆聽和講述完整的故事中模塑的。為了更好地理解上帝的故事，領袖必須首先進入自己的故事。

由於故事發生時你在場，進入故事似乎是世上最容易的事情，但實際上沒有甚麼比它更困難。理由是我們只知道── 或者讓自己知道── 我們故事的一部分。我們緊抓我們想記得的部分，或者回憶起來時對我們有好處的部分，逃避故事中最深地揭露我們，使我們不知所措的部分。

不過，除了聆聽你自己的故事外，你也必須進入別人的故事。領袖不能以輔導或門徒訓練時所用的方式，邀請別人講述他們的故事，從而闖入別人的私人生命中。但領袖知道與自己合作的人的故事是有價值的。知道少許是甚麼模塑別人，他們感到自己蒙召在哪方面成長，現在他們傾向與別人好好交往，還是交往得不好，這都是好的。

但領袖同樣必須先進入自己的敍事。如果他投進自己的故事，他便會更明白自己在哪裏拒絕以信、望、愛來生活。他便會更能夠指出自己怎樣試圖令真理為他的偶像崇拜服務，而不是容許自己生命的謊言被上帝強烈的良善揭露。我們帶領別人到上帝那裏，所能及之處，是我們察覺到自己在多大程度上逃避祂，多麼少地真正渴望祂，但上帝怎樣仍是我們心裏最深、最真和最甜蜜的渴望。在這張力中，我們可以活在最真實的真理中。

與我兒子對話後不久，我將這個故事告訴幾位同事。我希望他們禱告，但我也希望進一步邀請他們討論：我——我們所有人——多麼容易利用言語逃避真理。那是有益的討論；那天稍後，很多人都會假設是在機構中處於很低位置的一個人來，問我兩個簡單的問題：「你的成就那麼大，為甚麼你認為那麼難讚賞你自己的故事？你還需要成就甚麼，才能夠讚賞你的生命？」

這些是仁慈的問題。我知道要處理它們需要很多時間和反省，我也這樣告訴她。然後她問：「你想那些與你共事的人告訴你，你甚麼時候好像對待安德魯那樣對待我們嗎？」她的追求令我感到榮幸，她的勇氣令我得到祝福。自從那次交談後的很多年，她都不時在擔子重得難以承擔時鼓勵我。得到分享和進入——即使只是很小程度——的故事，為了更大的好處將我們的心交織在一起。

真理的張力

在羣體中培養品格，要求我們進入我們想要又不想要真理的張力中。就我們在品格中成長，而與別人一起追求真理，要求我們願意被困於這巨大的張力中。

或許事奉中最大的張力是大部分人都沒有表示同意要成長，更不要説透過與自己和別人的故事相遇而成長。如果説出事實，大部分基督徒都界定成長為學習停止做壞事，或找新方法避免壞事。如果一個人偶然失敗，只做**很少**壞事，成長便沒有受到損害。如果一個人做一些好事，例如參加小組或頗為定期地閱讀聖經，成長便是必然的。很少人視成長為，表示我們實際上變得像耶穌，這和戴著「耶穌會做甚麼」（WWJD）手鐲，想著嘗試做祂會做的事十分不同。

像耶穌表示我們必須進入尊嚴和墮落的複雜性。我們按上帝的形象受造——是榮耀的。我們接受了亞當和夏娃的躲藏和責備——是失喪。我們是榮耀的失喪，彎曲的榮耀。它在我們存在的每一刻出現，直到有一天我們看到耶穌的真面目，變得好像祂那樣純潔。

一位我很熟悉的牧師正進行一個建築工程。在他們開始前，他向委員會承認每個人都知道的事實：空間最重要，他們需要建設，但當時強烈推動要建設的原因，是害怕好些奉獻很多的會友可能會在一兩年內離開教會。而且牧師承認他很害怕失敗，無論他們是否興建新建築物。他也感到自己受制於人數增長（建設的理由）和成功的感覺（不是建設的理由）。他要求他們禱告，並承認自己心靈內的交戰。

委員會感到震驚。牧師指出建築計劃的好處和他心裏會污染計劃的因素。他沒有否認向前走是正確的，他也承認自己在好好帶領方面的障礙。他承認自己的尊嚴和墮落，他這樣做時沒有自憐或陰謀。他以力量和對自己的憐憫來說話。

結果是驚人的。其中一個委員十分富有，他本來計劃搬去另一個城市。他承認自己不支持這個計劃，因為他知道自己準備離開，不想人們要求他奉獻。牧者追尋真理，邀請這位委員重新思考為甚麼他不願意奉獻，因為他是其中一個建立教會的成員，而且即使他搬走，也很可能會經常回到羣體那裏。其他人開始說出他們的矛盾情緒和恐懼，但在黃昏結束前，委身於以禱告一起建設，並承認大家心裏的問題，變得和這次建設本身同樣重要。

要培養品格，我們必定不能否認或隱藏我們獨有的尊嚴這現實。我們是按著上帝的形象受造，我們獨特地交織了可畏的美。我們可能很英俊或聰明，很有音樂才華或幽默感。我們可能很有能力鼓勵別人，或看到關係中微妙之處。無論我們的榮耀有甚麼標記，我們都要珍惜它，為了別人而使用它。

不過，要培養品格，我們也必定不能否認或隱藏我們墮落這現實。我們有獨特的方式隱藏羞恥，和為了自己的失敗而責備別人。我們必須承認我們是一團糟的，我們以墮落的一些污點污染我們所做的一切。我們需要為此哀傷和悔改。我們同時是可怕和可畏。領袖必須能夠看到、指出和尊重在他們所有努力中的尊嚴和墮落。

領導別人，自己需要投入一個脆弱和充滿張力的過程，藉以幫助他們不單完成工作和實現機構的使命，而且也成為品格成長的人物。我們必須藉著講述故事，澄清為甚麼我們做某些事，以及我們要怎樣做來服事他們，我們必須以培養個人和機構的品格為目的來講述這些故事。

參與真理

所有系統——無論是家庭、巨型教會、以牟利為目的的公司，或一羣聚集在一起，為了開設一間咖啡室而交談和禱告的朋友——都必須透過故事進行一個培養品格的過程。最能夠培養品格和異象的過程，是由探討進到對話、辨別至作決定。領導是講述和聆聽故事，藉以產生新的故事。

探討

探討是領導的蜜月期。通常它的特點是「開始認識你」。很少強加壓力和僵化的期望。無論是一份工作的頭六個月，以新組成的委員會開始一個計劃，還是與新朋友吃午餐，探討的時期都是從容地討論。

探討的工作是嘗試審視和評估那領域：**你是誰？我們是**

誰？我們會做甚麼？我們會怎樣做？需要做甚麼？可以怎樣最好地完成？那就好像初次約會，雙方都藉著看現時發展得有多好，嘗試估計將來會怎樣。

我的意思是：我和一名女士見面，她可能可以帶領我們研究院一個重要的方面。她的技巧和履歷是沒有瑕疵的，委員會也徹底研究和討論過她的證明文件。我要處理她能否融入我們文化的這個問題。在西雅圖一個溫暖的早上，我們在戶外吃一頓漫長的早餐。討論由關於我們的背景和歷史這些慣常的問題，去到馬斯希爾研究院的獨特優點和缺點。我嘗試指出研究院的尊嚴和墮落，以及研究院的罪魁：我自己。我的目的有兩個——向她準確地描述研究院，並問她在類似的環境中會怎樣工作。

探討只是提出聖經裏最初的存在問題：「亞當，你在哪裏？」探討問：「你是誰？你／我們去哪裏？你／我們想要甚麼？我們會怎樣到我們想到的地方？」探討的惟一要求是參與雙方都誠實地交流。

但在面試或談話中，如果對方不是交往已久的知己，任何一方都不會說出事實，整個事實，只有事實。這實情會否減低重要和誠實的討論的可能？我相信在這個情況下，誠實不是核心的目標。領袖希望這個過程透過對生命誠實的交流，看到對方怎樣接受資料，以及用它來處理手頭的事情。這種探討最好在人類的尊嚴得到愛和尊重時進行。如果尊嚴得到尊重，人們最終會說出事實。

對話

對話將探討帶到詮釋的領域。我們探討時，以一套偏見或前設這樣做。我們留意到一些偏見或前設，但從沒有指出其中的大部分。中立地發現的資料，沒有最終形成理論的。相反，我們透過鏡片看一切，那鏡片引導我們視甚麼為重要，以及最需要看見的。正因為這樣，我們必須將我們看事物的方式，向以不同的鏡片看世界的人呈現。這樣做是令人不安和害怕的，但如果我們想更好地看世界，這是絕對必須的。

對話和討論不同，也和辯論不同。討論只是分享對一個題目的觀念。辯論是嘗試動搖或拆毀別人的觀念。對話與兩者都不同：它比討論固執己見得多，遠遠不如辯論那麼富對抗性。對話要求你以一個觀點對待手頭的事情——一種看現實的方法——以及渴望試驗、折射和重塑那觀點。它要求我們張開雙手拿著我們珍惜、對我們自己或真理的觀念。舊約學者阿費爾貝克（Dick Averbeck）很喜歡說：「我接觸聖經時，總是以一個問題開始：我對這段經文的理解有甚麼問題？這段經文想反映我的甚麼問題？」[2] 他承認自己有偏見，邀請聖經和上帝的靈打開他的心和眼睛。他向與他一起學習的人發出同一個邀請。

藉著承認我們需要別人的眼睛，這種取向尊重墮落：我自己不能做得那麼好；一旦呈獻給羣體對話，我可以將差不多一切事都做得更好。不過，對話不單是聆聽別人的意見，自己加以考慮。對話涉及推拉，鍾打和伸展，無可避免地會帶來痛苦。受挑戰或質疑可能驅使們躲藏或責備別人。獲告知我們的意念或計劃有重大缺點，揭露我們自戀那陰暗一面，我們必須有毅力和委身於留在過程中。

對話試驗我們的假設，質疑我們的方法，挑戰我們的動機，邀請我們回到初步階段時，我們做甚麼？對我來說，那過程好像我寫的東西被編輯。那是揭露、痛苦和羞辱的。我高聲讀出我所寫的東西，邀請別人面對面給予反應時，情況尤其是這樣。

與你不尊重或不信任的人一起，很少能夠好好完成這個過程。如果沒有了關心或懷疑對方立心不良，對話不會有合作性或擴展性；相反，它會充滿懷疑和批評。過程會引致一面倒的攻擊或主張，而不是所有人參與，一起將一個觀念帶到下一個美的層次。

良好的對話傾向創造更多混亂和困惑，而不是清晰。它傾向擴展可能的領域，無論是好還是壞，都需要加以考慮。它驅使羣體承認一些觀念和計劃，因為是他們一起創造的，即使只是一個作者寫出初稿。有了新的潛力和混亂後，對話必須走向辨別。

辨別

培養個人和集體品格時，最少運用的其中一種工具是辨別。[3] 並非我們不辨別和作決定，而是我們往往不以正式、刻意的過程這樣做。相反，我們讓會議的緊急狀況帶來資料

（探討），辯論幾個選擇，然後要不是延遲作決定，便是讓領袖決定，或者集體決定。辨別怎樣了？它通常在忙碌中失卻了。

一羣人往往會禱告，要求聖靈在過程中幫助，而個人可能要求上帝幫助。但這些禱告仍然沒有足夠的集體性。它們對羣體中的人沒有多少要求，只要求他們點頭同意。辨別的過程需要時間和信任。問題必須經過思想：甚麼選擇最尊重這個人或機構的獨特性格（呼召和故事）？以現時的情況，甚麼容許這個人或機構，最好地活出那獨特的呼召和使命？（這個過程是需要的，但可悲的是它可以成了一種強制或操控。重要的是人們不要為別人宣告上帝的旨意，或將自己的意願當為神聖的特權，強加給別人。）

辨別，是指為別人夢想的另一個詞語。它號召我們思想，如果上帝是渴望的中心，是我們決定做的事情的惟一目的，這個人或狀況會怎樣。辨別是為了最終的渴望：為上帝的榮耀而成為活祭。它不單是努力回答有效性、能否負擔或可行性的問題。以我們目前的情況，甚麼是最得到尊重？回答這問題時，我們必定不能視實用性的問題為缺乏信心，而應該視它為我們活出信靠的處境。

透過辨別，徹底個人和直覺的過程，與徹底是人際之間和先知的路會合。它要求我自己遵行屬靈反省，包括寫札記、靈閱（*lectio divina*）和屬靈導引。它號召我開放自己的心與上帝和別人談話，辨別我的動機和他們提供的智慧。然後它號召我不要以專制的確定，主張上帝啟示了自己，或者我知道上帝的旨意，而是謙卑地提出我對最好是做甚麼的理解。

決定

個人的辨別必須以試驗、反射和重塑，順從於羣體的談話，然後整件事必須交給特定的決策者負責任地照應。如果實行計劃需要全體同意，結果往往會是一個由共識推動，淡化的計劃，設計來滿足每一個人，因此不能夠令任何人喜歡。在集體探討的過程遠未開始前，便應該清楚闡明正式作決定的結構，將它寫下來，並由參加者接受和贊同。如果有任何人不信任蒙召作最後決定的人，便不應該讓他們參與。否則作出的決定與一些參與者最深信為明智的有衝突時，那勞苦會好像嘲諷或詭計。

這是很多機構的政治、閒言閒語和傷害出現的地方。如果作決定的結構沒有預先得到所有人同意，幫助形成計劃的人往往在最後決定不如他們所想時，感到受騙。

因此，容許有足夠時間辨別羣體怎樣由探討走向作決定是必須的。誰的聲音預先佔主導？思考**預先**佔主導這個詞組。誰在過程開始前佔主導？她可能是正式的領袖，或者可能甚至不在房間裏。重要的是不單要知道和明白機構的結構，也要知道那些即使不在場，人們也會感受到他們存在的參加者。在過程開始時可以怎樣指出他們，並公開考慮？可以指出他們嗎？還是房間中眾所周知的大象實在太大和太危險，以致人們不能夠承認？

事實是必須的，因為不說出事實的機構不能作出好的決定。隱瞞事實的羣體會缺乏品格，並會成為多面的虛偽羣體。這樣的羣體會根據隱瞞和責備的能力，而不是甚麼可以在個人和整體中培養榮耀來作決定。

所有致力培養品格的過程都必須帶來行動。在會議中，如果討論不能夠進到對話或辨別，決定便會延遲，需要的行動便會變成無用的不行動。在一些情況，延遲可能是審慎的，但也可能是逃避決定的消亡，逃避分歧和判一些選擇死刑，而選擇給一個可能性生命。

無論決定是由委員會、一個職員、與行政隊伍或獨自作出，決定都由領袖承擔。要誠實同時又完全有信心，是不能夠的。但必須有人作決定並承擔責任。而身為領袖，你必須在同事、下屬和上司面前公開承擔責任。因此你要成為說故事的人，講述在過程中人們的品格。那故事是關於那過程和那些很好地掙扎的人，也是關於那結果。

如果福音是最深地推動行動和選擇的夢想，你便必須在福音故事交織進你的故事和你隊員的故事中時，公開宣告福音故事的真理。你必須以很大的智慧和勇氣這樣做，藉以邀請你的羣體首先思考它的故事，然後思考怎樣更深進入轉化你們品格的真理。你也需要認識這點：深入這真理無可避免地會涉及講述祕密和進入承認你和任何人一樣，是蹣跚的領袖這激流中。

註 釋：

1. 希伯來書三章 13 節。
2. 我在個人談話和演講中，都聽過阿費爾貝克（Dick Averbeck）說這句話和提出這些問題。
3. 這本書的篇幅不容許我詳細討論好像辨別這樣的課題。辨別是那麼重要又很少有人處理，我強烈鼓勵你留意 Ruth Haley 在 Transforming Center（www.thetransformingcenter.org）的著作；以及她關於辨別的著作：*Invitation to Solitude and Silence: Experiencing God's Transforming Presence* (Downers Grove, IL: InterVarsity, 2004)。

第十三章

講述祕密

承認你是罪魁所冒的險

如果領袖公開揭露自己的失敗，他需要預備會遇到麻煩。這種承認同樣困擾自義的人和浪子。指出個人失敗的領袖等於說：「任何絕望到接受關於人的心和上帝的心的事實的人，都總有路回到家裏。」浪子和自義的大兒子都不想成為愚蠢或絕望的人。因此，承認自己既任性又自義的誠實領袖，令兩種人的自恃都受到困擾。

承認個人失敗的領袖往往失去尊重，冒被邊緣化的危險，也很可能被辭退——或是真的失去工作，或是在實踐裏被排除在權力圈子以外。只有蠢人才會鼓勵誠實，卻沒誠實地告訴別人這樣做會有甚麼危險。承認你向配偶吼叫，或者承認你藉著激烈的態度和言語操控會議，都是邀請別人將你放入一個盒中，給他們資料，在日後用來對付你。

我們都根深蒂固地製造盒子，因為我們希望生命有快捷、簡單的分類。通常我們不想對社會問題進行深思的分析；我們寧願要〈今日美國〉（USA Today）的版本：「快捷和清楚地給我，否則便不要打擾。我不能花時間運用我未經開發的反思性思想，去思考一個問題的深度和細微之處。」如果你給別人一個詮釋你的方法，這會令他們能夠將你的罪歸檔，你會被標籤和放入盒中。

藉著指出身為罪魁的一些資料，你冒著失去以虛假的假設為基礎的尊重。對你的失敗誠實也會將你的影響邊緣化——如果把**影響**界定為總是可以按你的意思而行——因為你會證明，你有超乎常人的「東西」的神話是虛假的。承認自己是罪魁的誠實領袖可能被人以這樣的話打發掉：「他只是憤怒的人」，「他討厭衝突，只是做好人」，或者「你不能信任他，因為他說他只想事情按他的計劃而行」。

你的誠實給那想控制或辭退你的人能力：他們可以利用你自己的話對付你。他們可能這樣做，因為罪令人失望，加深他們的懷疑和疑惑。那麼，為甚麼領袖知道別人會誤用這些消息，但仍然透露這些消息？其中一個原因是，他們已經知道自己是機構中的罪魁的領袖，不怕讓人知道這個事實。另一個原因，是人們不需要你誠實的承認來將你放盒子中。從他們最初遇到你的那刻開始，人們便為你製造盒子，特別是如果人們視你為有權力的人。但你愈公開指出你的掙扎，人們便愈不能利用你的沉默作為要脅你的後門，蓄意破壞你的領導，或者顛覆機構中的關係。

以下是一個例子：馬斯希爾的人知道我緊張和多言。

如果太多咖啡因、腎上腺素或暴躁將我的堅定增強，我可以變得憤怒和具威脅性。我曾經要求與我一起工作的人幫助我看到自己，在我的緊張變成威脅時指出來。有些人做得很好；他們提供了慷慨和有力的反應。另一些人則利用我的承認作為鎚子，在不能按他們的意思做時攻擊我。結果是失去信任，我在與第二種人交往時也需要特別小心——將緊張減少，儘量少說話。

如果你是領袖，你不能與所有人和平共處，與每一個人成為朋友。但你指出自己的失敗時，即使別人不指出自己的失敗，你也有自由與頭號罪人搏鬥，而不是被困於擔心別人怎樣看你的網羅中。

而且公開承認我們的軟弱，容許別人在醫治的路上加入我們。我有個負責和咄咄逼人的朋友，他告訴高級職員，自己需要他們禱告，幫助他在面對佔他下屬便宜的顧客時有勇氣和坦白。他承認自己在推銷時大膽，但卻往往害怕與顧客發生衝突。

他的下屬知道他是了不起的推銷員，但在關心僱員方面卻很糟。他的認罪令人困擾，因為他們從未聽過他承認弱點和要求幫助。我的朋友事後告訴我，有幾個職員多謝他，承認以前以為他是因為無知不關心僱員。他們聽到他承認自己懦弱後，對他既失去尊敬，又產生尊敬。

為甚麼要公開承認你的失敗？首先，這樣做邀請別人——藉著聖靈的推動——更誠實地看自己對赦免、自由和勇氣的需要。它也除去階級那使人分開的牆，以及對有權力的人那些虛假的假設，給謙卑下來的領袖機會，讓上帝將他們升高。[1]

怎樣接受誠實

你怎樣接受誠實？答案是三重的：放棄已經十分痛苦地明顯的事情，說出事實而不說出**全部**事實，並在不能活出福音中接受福音。

放棄那明顯的

嘗試隱藏某些關於自己的事，就好像嘗試隱藏自己的臉。人們只消與你一起幾分鐘，便可以看出一些傾向和模式。人們告訴我，我很緊張。我看不見自己的臉孔，但有時我可以感到自己激動或煩躁的水平提高。我也從很多交往中得知，大部分人視我的緊張為負面，而不是值得歡迎的恩賜。

我刻意壓抑自己的思想或觀念時，周圍的人看見我在努力。如果我保持沉默，其他人說我有所保留。如果我說話，人們告訴我的反應往往是，我將自己的見解強加給人。罪是循環的。它是一條無望的死胡同，我們似乎總是阻塞在那裏。難怪我們寧願避免一再指出我們的掙扎——我們的成敗。

我可以做的只是承認我眼中的梁木。有時我沉默時，是在沉思。有時我在沉默後說話，那是將自己的見解強加給別人。我的緊張往往不能上升到上帝的公義。我們能夠承認保羅所承認的事嗎？他寫道：「因為我所做的，我自己不明白；我所願意的，我並不做；我所恨惡的，我倒去做。」[2]

對別人來說，最明顯的是我們不能愛的最常見方式——在羞恥、傷害、恐懼或批評時浮現的獨特風格。我們講述自己的故事，不是合理化或解釋我們的故事，而是開啟談話。我們的故事會反映我們希望自己不是怎樣，但實際上卻是那樣的人，以及我們想成為，並努力成為的人。

說一些，但不是全部

說出全部事實並不是智慧，除了在法庭時必須這樣做外。聖經和聖經中的領袖的模式，不是把能夠說的一切都說出來。聖經坦白講述大衛的性罪行和謀殺，而且講出重要的細節，但卻避免提到淫穢的詳情。保羅告訴我們他是罪魁，並將自己與叛教者、弒父弒母者和說謊的人比較，而且說和他們相比，他是最糟的。但他沒有給我們他在性或關係方面的掙扎的細節。

這種明智的保留的其中一個最好例子是，奧古斯丁（Augustine）的《懺悔錄》（*Confessions*），他在那裏講述自己歸信的故事。那是赤裸裸和大膽的。他描述自己與對性著迷持續的戰鬥，以及對女性的不當對待。他容許我們看到他掙扎的輪廓，在最前幾章，引導讀者走向對一個大罪的承認。他向顯示他黑暗的事件推進時，那描述是敏銳、誘人和能夠引起讀者興趣的。但令人意外的是，他描述的事件不是有損人格的性幽會，而是關於他偷鄰居樹上的柿子。

這種認罪將罪淡化嗎？完全沒有。事實上，這是很好的樣本，幫助我們思考怎樣講述和講述甚麼。我們可以以大膽、三千尺高空的清晰程度，描述我們裏面深刻和持久，仍然有待救贖，呼求著要得到救贖，有一天會得到救贖的黑暗。我們可以指出那是貪欲和憤怒，姦淫和謀殺。我們可以以我們世界常見、日常、幾乎是偶然的經驗來説明。

我不需要也不應該引述我在愛方面最黑暗和最令人震驚的失敗。相反，我要從生命中任何沒有防避的時候找到的真實資料，來畫一幅描繪真實的圖畫。那資料無可避免地反映為甚麼我需要福音，多於我需要食物、水和空氣。

接受福音

我們不能完全確定知道，對某人或一個羣體分享甚麼是愚蠢地明智，分享甚麼只是愚蠢。但有幾條規則可供考慮。永遠不要説你沒有獲准説的任何事情。我在自己的書籍或演講中講述的故事，都經當事人檢查過。如果得不到准許，我有時會將故事的某些方面更改。但在那些時候，我會説：「這個故事是真實的虛構。我改動了可以讓人辨認的細節，藉以保護無辜和有罪的人。」

我尋求妻子、兒女或朋友准許講述故事時，會問兩個問題：「我講述的故事準確嗎？它是否尊重你？」準確並不表示需要包括每個細節，而是那個故事是否真實，意思是沒有加上任何沒有發生的事情，也沒有遺漏任何事情，以致會徹底改變論述？

那真實的故事是否也尊重別人？一個故事可以承認，這個世界除了你以外還有罪人，但講述故事的方式是否尊重人的尊嚴？它有沒有顯示上帝怎樣邀請別人承認墮落和尋求赦免？我的婚姻中有些掙扎是我沒有公開分享的，因為這樣做於我們在恩典中行走的這個階段，並不尊重我太太或者我自己。在我們生命的很多其他方面也是這樣。那些事實有一天會得到分享嗎？或許將來我們會準備好，但也可能我們沒有蒙召代表我們的羣體指出那些事情。

核心問題是分享的事情是否尊重上帝現在邀請我們講述的故事。例如：地上每對夫婦在性方面都有掙扎。沒有人可以逃避我們曾經蒙召「赤身露體而不羞恥」這個事實。我們知道羞恥，我們的婚姻是要在一生中救贖被羞恥污染的土地。但很少夫婦蒙召在公開場合談及那些掙扎。

多年以前家庭生命（FamilyLife）——由雷尼（Dennis Rainey）帶領的婚姻事工——問我會否參與他們一個名為「我仍然願意！」的活動中，講述關於婚姻的誓約，我答應了。他們要求我談及「有和持守」（性親密的呼召），以及誠實地講述兩個罪人的婚姻中性的現實。我照做。我優雅和誠實地談及性虐待對我婚姻的一些破壞。那是冒險，但對我自己的婚姻的呼召，包括講述其他夫婦不願意指出的問題。

領袖必須知道需要怎樣活出自己的角色，以及講述甚麼故事是明智和尊重的。那困境是沒有確實立見分明的測試的。因此，如果我們要明智地說話，我們的失敗需要福音。我們會說得太少或太多。我們會講述故事，我們沒有處理的羞恥或憤怒會滲出來，令福音的美失去光彩。

那是古怪的事業：我愈生活，便愈失敗。我愈失敗，向前跌倒，被恩典的雙臂抓著，便愈顯明福音的信息。我愈假裝已經到達目的地，並給別人建議怎樣可以這樣做，便愈好像浪子的哥哥，自義和憤怒。

恩典的弔詭

那些宣告福音的人，比聆聽福音的人更需要福音，這個反諷的真理並不新鮮。它只是在這個修編、專業化和大計劃的時代，沒有高聲和清楚地被說出來。這些日子需要一再講述某些故事。我們需要講述關於失敗和需要恩典的故事；我們需要分享故事，邀請聽眾思考恩典那狂野、顛倒的弔詭。事實上，這三個偉大的弔詭需要經常講述：既濟與未濟，要堅強和溫柔的呼召，以及怎樣靈巧像蛇和馴良像鴿子。

既濟與未濟

我們都感到有很大壓力要與罪一刀兩斷，我們同時也害怕我們永遠都不會變得真正成熟。我們自大和沒有信心。但聖經邀請我們，活在我們的救恩完全完成也仍未完成的一刻。我們活在既濟與未濟的狀態之中。讓我解釋一下。

聖經講述救贖是過去、現在、將來時態的現實。我們**已經**得救。我們**現在**得救。我們有天**會**得救。我們通常稱這為「進行中的工作」。沒有人是已經完成，也沒有人完全得救贖，雖然上帝稱我們為聖徒和祂所愛的人。

很少人真的相信我們只需要最後一筆，但如果有人指出我們離成熟仍然很遠，我們便會十分反感。我們承認自己是罪人，但我們的罪被人看見或公開被提及時，我們卻變得有防衛性。我自我保護的心提出藉口或背景來解釋我的失敗，藉以令反應沉寂，這是很自然的。有情有可原的因素，我們那天過得很糟，或者我們承受太多壓力和張力。無論我們的辯護是甚麼，上帝都呼召我們按實情承認自己的失敗，先處理自己眼中的梁木。

那實在是真實的：我仍然是罪人。我與貪欲和憤怒，或耶穌所說的姦淫和謀殺搏鬥。[3] 很多人肯承認自己曾經失敗，但很少人願意處理貪欲的姦淫，或充滿憤怒的謀殺那「未濟」——仍然存在的罪。但講述事實的領導必須承認：「我仍未完成，你也是。因此，我們一起時，無可避免會有愛的悲慘失敗。」

但我們承認自己的失敗時，是否否認復活？我們知道我們成長了，但我們距離達到完全成熟和在基督裏的自由，仍然比我們走了的路遠得多。如果我們對面前的路的距離有任何敏銳度的話，我們很容易感到懾服，並想放棄。似乎很多努力只帶來很少成長。為甚麼還要在意？但事實是耶穌活著，我們的掙扎實際上強調上帝的赦免遮蓋了多麼多——而不是作為證明復活並不真實的證據。

事實上，在領袖的生命中，否認復活的不是失敗，而是自負。活在既濟與未濟之間，帶來活在自大和沮喪之間的張力。如果我不因為自己失敗而屈服於沮喪——或者自負，相信我比我真實的面貌更好——我便是活在尊重復活的張力中。

我們自大或沮喪時，不是活在以復活為真實當中。沮喪否認復活的能力。自大的信心容不下懷疑或掙扎，否認復活只是新收成的初熟果子。復活不是死亡的終結。它是死亡終結的開始；那「未濟」仍未來臨。

「既濟與未濟」的故事在出色地交織悲劇和救贖時，享受驚訝。我的孩子是很多這種故事的中心。我在《孩子如何栽培父母》（*How Children Raise Parents*）中講述的一個故事很突出。我女兒阿曼達（Amanda）在學校的一個活動中放了一瓶開了的酒在汽車中。她被拘捕，令我們所有人都開始了一段艱難的日子。

阿曼達被拘禁在家九十天。她可以到學校，但放學後要立即回家——沒有朋友、沒有音樂、沒有電視、沒有電話。她可以做功課、閱讀及花時間與父母一起。這是折磨。不過，在那段時間，她在本地報紙上發現一篇文章，講述一羣孩子去西伯利亞（Siberia）為孤兒服務。她要求參加那個聚會。我們答應了。我完全明白她想找一個藉口外出見朋友。她找到一個很好的機會，我很欣賞她那麼有辦法。她回來後很想去西伯利亞。我們同意，如果她能夠籌到她需要的款項，並繼續成熟，便讓她去。她兩個要求都達到了。

這個旅程幫助模塑我女兒的人生目的。她發現自己很想幫助曾經──或者很快便會──被販運去進行性交易的年青婦女。她熱誠地為她們發言，並決定攻讀護理學位，讓自己可以在身體和靈性上幫助被販運的受害人。

這件事發生了幾個月後，我正在撰寫那本關於養育兒女的書。阿曼達從大學放學後回到家裏。她閱讀手稿，衡量那些關於她的故事，然後提了一些意見。接著她說：「為甚麼這本書沒有提我被捕，和這件事怎樣開始令我重新向上帝打開我的心的故事？」我提出一個很糟的藉口。她說：「那對我來說是一個痛苦的故事，但我知道上帝在上面撰寫。我不以我的故事為恥。爸爸，你又怎樣？」

她是對的。我仍然感到羞恥，我選擇不講述她的故事，是為了隱瞞我為人父親的失敗，遠遠多於是為了尊重她。那九十天在家裏的拘禁，要求我們比以前更誠實地談論大家身為父親和女兒的失敗。在她結束對那本書的批評時，她的救贖號召我得到救贖：「我覺得那是一本好書，但它缺乏一個單一、涵蓋一切的故事，清楚表明你最主要的命題。我認為我的故事最能夠做到這點。」[4]救贖比我們能夠想像的更出人意表。

「既濟與未濟」的故事不一定立即有快樂的結局。有時故事要求我們多年苦心等待，才能夠嘗到收成。但這些故事捕捉那想像，提醒我們終有一天，上帝已經開始了的工作會完成。

力量和溫柔

要活出耶穌的品格，我們必須像上帝：同時堅強和溫柔。[5]那困境是我們較容易只有其中一種質素。畢竟有力量的人很少哭泣，他們也與需要為自己的失敗負責而搏鬥。另一方面，溫柔的人傾向不冒失敗的危險，也不對抗別人的罪。因此，領袖傾向堅強而不溫柔，而追隨者傾向溫柔多於堅強也是合理的。這種質素的區分帶來的分工，可能似乎令生命更容易和更有秩序，但卻離我們所有人活出上帝的品格十分遠。我們所有人都蒙召**同時**溫柔和堅強。

但自大往往偽裝成力量，讓步的和藹則扮作溫柔。很多領袖運用咆哮、虛張聲勢和奧茲的火和法術，隱藏他們禿頭、大肚子的脆弱。很多領袖都十分多言，他們以蔑視的威脅來威嚇羣體。隊員和僱員很明白領袖有能力公開羞辱他們。這份察覺已足以令大部分人閉嘴，因為想到公開回應奚落，已經令他們害怕。領袖往往忘記公開說話是頭號可怕的事情，甚至比死亡更可怕。因此有公開說話的能力和信心的人帶有圖騰般的能力，可以祝福或咒詛別人。

不過，真正的力量必須是有勇氣得足以承認懦弱，並溫柔得足以承認自我專注。而且，蹣跚的領袖必須因為對他們的失敗提供反應的人的尊嚴感到高興，即使他們這樣做時欠缺策略或智慧。

每當我們看到別人有力量和溫柔時，我們都必須珍惜它，盡我們所能幫助它發展。我的孩子幾乎不斷提供關於他們對我、我太太和彼此的勇氣（力量）和關心（溫柔）的故事。他們對彼此的敬畏和感激都不斷增長。

例如：最近我兒子和我去用假蠅釣魚，發生了一個意外。他跌倒，魚竿掉到急流中。我們都以為不能取回魚竿，但後來我們發現它被困在河邊附近的一枝樹枝那裏。但那裏幾乎是不可能去到的。我愚蠢地決定涉水過去，幾乎被水流沖走。那是可怕的冒險，但我們可以取回魚竿。

那戲劇性的事件過去後，兒子對我說：「你認為一根魚竿值得你冒生命危險嗎？」

我窘迫地回答：「不。那是愚蠢的決定。」

他繼續說：「你以為如果我因為一根愚蠢的魚竿而失去爸爸，我會怎樣？」他的話愈說愈快，而且十分激動：「你以為我告訴媽媽她丈夫怎樣死時，我會怎樣？爸爸，你明白嗎？我一生都會掛念你。」

我感到震驚。我不單因為自己那選擇完全愚蠢而感到震驚，也因為我兒子以充滿熱情和感人的聲音指出我的失敗，將那失敗置於我們一起的生命這更大的敍事中，然後說出我對他重要這個我心裏最深的渴望。那影響是難以理解的：我在兒子面前從未感到自己那麼愚蠢——或者更得到他的愛。

我們必須講述好像這樣的故事，我們和別人怎樣被力量和溫柔救贖的故事。真正的溫柔深深和大膽地進入別人的心痛和盼望。它忍受、夢想和邀請別人的心接受救贖。我兒子號召我知道，我是十分蒙愛的，即使我有時是蠢材。

不過溫柔也可以是假裝的。兩種廉價的冒充，就是快樂的讓步和無生氣的鼓勵，兩者都不能夠提供人類需要的養份。假冒的溫柔不能夠進入最深的心痛；它只是掠過艱難的表面，而不是處理心裏對救贖的渴望。每個靈魂對救贖的渴望都號召堅強和溫柔的嚮導，而蹣跚的領袖身處最佳的位置提供這種引導。她這樣做的一種方式，是透過講故事。

既堅強又溫柔的故事強調那些步進我們生命，帶來恩典的人的勇氣和仁慈。我在《親密同盟》（*Intimate Allies*）和《親密奧祕》（*The Intimate Mystery*）講述了很多故事。我寫了我榮耀的太太和她願意以力量搏鬥，以溫柔圍繞我，藉以看到我的心得到救贖。沒有人比我太太更讓我一嘗上帝。我也講了很多關於我步進我太太的恐懼和憤怒的故事，在事情變得艱難時愛她。

我們這些事奉的人，特別是那些經常演講或寫作的人，冒很大的險誤用我們的家庭作為方便的資源，講述使人喜愛和以救贖為導向的故事。我會關心關於我們家庭或我們自己的故事，是否每星期都在講壇講述。有節制地使用故事——只偶然讓人一瞥我們世界的掙扎，然後容許那少數故事的影響流經教會——是比定期講述令人懾服，或被輕易視為只是自我放縱的個人事件更明智的取向。不過，如果審慎地使用，別人怎樣揭露我們的脆弱，並承擔那擔子的故事，能夠有力地反映福音的奇妙。

靈巧和馴良

聖經裏，可能沒有比耶穌指示跟隨者「要靈巧像蛇，馴良像鴿子」[6]更大的困境。祂在門徒仍未知道祂為甚麼來地上時派他們去宣教，給他們這個勸告，這給我很大的盼望。好像那些第一世紀的信徒，我們往往不知道自己在做甚麼，或者為甚麼我們受到差遣，但耶穌卻差遣我們。而在出去時，我們往往找到我們不知道自己在尋找的東西。在這個故事中，耶穌為一段奇怪的旅程給門徒一句奇怪的話，我們必須假設這句話反映成熟的另一個面向。

這個同時要靈巧和馴良的指示，因為耶穌使用的比喻而有更大的力量。好像蛇那樣靈巧，表示我們要好像試探亞當和夏娃，為他們設圈套的蛇一樣狡猾。基督徒必定不能天真或愚昧地無知。我們邀請別人接受福音時需要狡猾和聰明。同時，我們要活出鴿子那種無害的存在。在聖經，鴿子象徵平安（*shalom*）。耶穌受洗時，鴿子象徵上帝的靈來臨。鴿子是溫柔、純潔及和平的。我們的狡猾必須由好像鴿子的馴良推動。為了救贖而運用狡猾，和利用操控來實現個人的野心是不同的。你可以狡猾和聰明，而又致力為別人帶來好處。

拿單與大衛對質，指出他謀殺和姦淫的故事顯示救贖地使用狡猾：先知那個聰明的故事幫助大衛承認自己的罪並悔改。所羅門在審判兩個聲稱是同一個孩子的母親的婦人時，也顯示這種智慧和馴良：他提出的解決辦法——將孩子劈成兩半——驅使真正的母親呼喊說：「不要殺他！」救贖的狡猾，也幾乎在耶穌每一次遇到祂那時的政治和宗教領袖時出現。祂問：「你們為甚麼試探我？」然後轉過來揭露那陷阱，藉著要求他們看一個錢幣，並回答：「這是誰的像？誰的名號？」為他們製造一個困境。然後祂給他們一個模棱兩可的命令：「凱撒的物當歸給凱撒，上帝的物當歸給上帝。」[7] 耶穌有沒有回答他們的問題？祂沒有真正回答，但祂揭露敵人渴望設計陷害祂，而且祂沒有墮進他們的陷阱。

但太多時候，一種知道一切的精神卻偽裝成智慧，而天真則往往模仿馴良。兩者的分別是重要的。首先，很多聰明的男女知道為甚麼天空是藍色，月亮有時有點橙色的光暈；但他們毋須說出自己知道的一切，或者令別人因為不知道而感到自己愚蠢。但知道一切的人往往運用知識作為武器，以他明顯優越的聰明給別人留下深刻的印象和控制別人。第二，天真的人藉著透過樂觀的鏡片看事物，而避免面對現實黑暗一面。對比起來，馴良的人渴望純潔，是建基於它將來的應許。馴良不是沒有頭腦的樂觀；它是熱誠地期望以盼望潔淨內心的完全救贖。

講述真正馴良和智慧的故事，號召我們承認我們被扭曲的視力。我們最好時，也只是透過模糊的鏡片觀看，最壞時我們是懷疑、疑惑和猜測。我們誤讀聖經。我們誤讀我們的配偶、我們的職員和便利店的店員。我們沿著單程路朝相反的方向駕駛，還以為所有其他人都錯了。我們培養出一種業餘的技巧或者專家的能力，而我們宣稱為屬於我們的這個真理領域，往往是我們的盲目最為明顯的領域。

讓我提出一個例子。每當我有機會，我都會去用假蠅釣魚或航海。我讀過無數書籍，花時間與專家一起，修讀過課程，對這兩種嗜好都有中等的知識水平。但我曾經駛進危險的水域，因為我根據真正的羅盤航向而不是磁力圈而航行。在圖表上有一個羅盤，上面刻了兩個圓圈：真正的圈（外圈）和磁的圈（內圈）。我記不起我在想其他事還是沒有思想，但我用了外圈而不是磁圈，而我這樣做時，我依從的航道可以令我們的船隻沉沒。更糟的是，那些資料開始顯示航線錯誤時，我拒絕承認資料。我榮耀的太太不斷問明顯的問題。她沒有因為我煩躁而退縮。她邀請我反思，並竭力令我明白那些矛盾的資料。在災難臨到我們前，我離開背風的岸邊。

我太太沒有忽略我的失敗，她也沒有利用它來除去我的尊嚴。相反，她進入我錯誤的判斷時給我慷慨和好奇。她的問題是狡猾和仁慈的，堅持和明智。一個嚴重的錯誤成了終生的教訓，主要是因為它由一個明智和純真的婦人很好地追問。如果我們以明智的男女圍繞自己，我們便會有很多驚人、感人的故事可以講述。

講述關於我們的事實——即使是以驚人、感人的故事——是冒險但必須的。它推崇恩典的價值，邀請其他人不要因為自己十分需要福音而驚訝。跌跌撞撞但堅持向前跌的領袖這樣做，是因為他們被耶穌的位格抓著。在我們身為領袖所做的一切和所變成的一切中，我們都必須將人們指向耶穌。我們讓別人認識祂時，介紹祂為我們的先知，講述真理；為我們的祭司，提供安慰；以及我們的君王，為祂天父的旨意服事。而在這樣做時，我們發現我們最真實的呼召和喜樂。

註　釋：

1. 參雅各書四章 10 節。
2. 羅馬書七章 15 節。
3. 參馬太福音五章 21 至 28 節。
4. 關於阿曼達的故事的更多細節和其他與教養子女有關、「既濟與未濟」的故事，參 Dan B. Allender, PhD, *How Children Raise Parents: The Art of Listening to Your Family* (Colorado Springs, CO: WaterBrook, 2003)。
5. 參詩篇六十二篇 11 至 12 節。
6. 馬太福音十章 16 節。
7. 馬可福音十二章 17 節。

第十四章

三個你不能沒有的領袖

為甚麼你需要先知、祭司和君王

現在應該清楚的是：領導是關乎成熟。領袖的第一個呼召是成長，知道自己是有最長的成長路要走的人。我們在我們機構中成為最後和最微小的人時，愈是第一個走這條路，便愈像我們渴望事奉的阿拉法和俄梅戛。

好像耶穌那樣成熟實際上是甚麼意思？在品格上像耶穌是效法祂與人交往的方式。我們捱過了「耶穌會怎樣做？」（WWJD）的狂熱。這不是有用的問題，因為耶穌會做的事，對任何人來說都太古怪，以致不能保住自己的工作。耶穌與別人一起時那徹底和無限的明智方式，令祂能夠既對那些需要被拆毀的人十分粗魯，又對那些心裏充滿罪和羞恥的人無限溫柔。因此，如果要問這種問題，更為好的是問：「耶穌怎樣與不同的人交往？」（"How did Jesus relate to different kinds of people?"）但當然，HDJRDKP 不如 WWJD 那樣容易記憶。

耶穌是模棱兩可、詩意地講述比喻的人，祂也是破壞自義的人的先知。祂是溫柔的祭司，赦免妓女的罪。對飢餓和患病的人，祂是君王，供應他們，保護他們免受傷害。多個世紀以來，對基督這多面的工作，人們根據先知、祭司和君王這些職位來描述。這些職位在舊約是事奉的崇高呼召。君王負責神權，藉著創造維持安全、公義和秩序的基本建設確立那領域。那領域藉著故事、藝術、禮儀和安慰得到意義，而這是聖殿和祭司的範圍。當百姓離開上帝對他們的渴望時，先知藉著代表上帝說話擾亂兩個世界。

有趣的是，我們每個人都有一些技巧和恩賜，將我們基本地置於其中一種類別之中——先知、祭司或君王。可惜領導的危機、複雜性、出賣、孤單和消沉將大部分先知變成製造麻煩的人，大部分祭司變成教條主義者，大部分君王變成獨裁者。奧祕和混亂令領袖努力操縱和管理世界，但卻不倚靠信、望、愛。結果，我們爭取秩序和意義的努力，必須以先知的聲音干擾，它唱出刺耳的聲音破壞我們的偶像崇拜。先知挑戰君王對抗不義而不是吞吃窮人，他們號召祭司為和好說出盼望，而不是應許和平而不要求對罪必須有的誠實。神學家圖雷蒂（François Turrettini）寫道：

> 人類因為罪而有的三重苦惱（也就是無知、罪疚以及罪的壓迫和束縛）需要這三重職事。無知透過先知的職事得到醫治，罪疚透過祭司的職事得到醫治，罪的壓迫和束縛透過君王的職事得到醫治。先

> 知的光驅散錯誤的黑暗；祭司的功勞除去罪疚，使我們得以和好；君王的能力除去罪和死的束縛。先知向我們顯明上帝；祭司帶我們去到上帝那裏；君王令我們與上帝一起，與祂一起榮耀我們。先知以教導的靈照亮內心；祭司以安慰的靈安慰內心和良心；君王以潔淨的靈征服反叛的傾向。[1]

領導的三重職事

圖雷蒂顯示基督那三重職事是多麼豐富。但這三重職事是否包括領導的所有方面？既是又不是。任何方案都不能夠包括所有現實，也就是上帝的一切，所以這三重職事是不足夠的。提醒我們這點的是先知。這三個類別並不處理每一個領導問題或角色，但對領袖的生命卻給我們豐富的智慧和有用的視角。

我們不應該單成為先知、祭司或君王式領袖。我們要同時成為三者，而且三者要與彼此一起發生作用，為彼此發生作用，並對抗彼此而發生作用。領導就是在這三種能力中反映耶穌。但事實是明顯的：我們很可能在一方面較強，在其他方面較弱。我們藉著在第三個職事中的中等能力，而將長處和弱點連繫起來。我的長處是先知。我的弱點在於君王。我是中等的祭司。

不過，上帝喜歡使用我們的長處，令我們進入一些情況，在那裏我們的弱點被揭露，並為了祂的榮耀而被使用。我擔任神學院院長時感到很歡樂。這似乎不是我的技巧組合會顯示的。沒有職業測驗、恩賜清單、性格圖表或直覺，會表示「神學院院長」是可能適合我的工作。在這樣揭露和使用我們的弱點時，上帝一再提醒我們，我們需要倚靠祂，並引導我們的讚美投向惟一配得讚美的一位。

上帝想我的生命在我成熟時反映這三個角色。我蒙召個人地成為先知、祭司和君王。上帝也想這三個角色在機構中由不同的人代表，我蒙召在機構中為這三個角色創造空間。

在馬斯希爾研究院，我們有一個了不起的君王羅恩．卡魯奇，他是老練和世故的領袖，知道怎樣令人成長和發展我們的基礎建設。他同時也是出色的先知和中等的祭司。在我們的組合中，我們也有保羅，他是偉大的祭司，也有先知和君王的恩賜。而羅娜是仁慈的女王，溫柔地講故事的祭司，以及大膽的女先知。我們的領袖很了不起，我們需要更多男女，對著我們製造更多混亂的自然傾向，他們的恩賜提升，因而要求我們所有人都更有創意和降服。

先知、祭司和君王一起

這些角色應該怎樣交織進機構的構造中？缺乏基督的職事的一方面，或者某一方面被視為不值得追求時，有甚麼事情發生？我們會先看世俗裏與這些類似的角色，然後思考君王、祭司和先知的獨特之處。

在《整合領導》（*Connective Leadership*）這本書中，李普曼－布盧門（Jean Lipman-Blumen）論證說，領導涉及三個互動的方面：直接——領導的內在、競爭性和權力的風格；關係性——領導的合作、貢獻和替代性的風格；和工具性——領導的個人、社會和信任性風格。

領導的直接風格實行管理，進入競爭性挑戰的磨擦中。它引出卓越，運用權力令機構經過危機和其他無可避免的混亂。在變得獨裁，並運用羞恥或恐懼來控制別人的行動時，這個方面便失敗。這種領導風格繼續朝清晰和有條理的目的前進時便成功。沒有這種領導風格，混亂會無可避免地接管。這是君王的勞動。

另一方面，祭司的關係性風格給予關心，以委身於促進別人的價值和意義進入內心。這種風格給予參與機構的人尊嚴、尊重和榮耀。關係性的領袖透過更專注於情感、故事及禮儀，指導和鼓勵個人和羣體成長。當個人成長，成了自我專注，沒有比本身更大的目標或異象時，這個取向便失敗。這工作是祭司的領域。

領導的工具性風格，藉著推動別人看事物和行動的新方法而影響競爭和關心。李普曼－布盧門寫道：「〔工具性領袖〕特別擅長戲劇性的動作和反直覺（意想不到或弔詭的）象徵，能夠傳達他們的遠象，並徵集別人支持他們的事業。他們對劇場那調教得十分好的感覺，有時近乎古怪，為支持者帶來刺激、樂趣，有時也帶來畏懼。」[2]這種風格在與另外兩種領導風格失去連繫時便會失敗。這是先知的工作，他揭露、喚醒和騷擾，藉以號召人們回到與上帝的正確關係中。

李普曼－布盧門的分類並不完全配合君王、祭司和先知，但它們在一些重要的方面有重疊之處。聖經的先知、祭司和君王模式特別處理的，是這三個角色之間固有的張力，以及為了羣體的好處，三者都絕對需要的互相交往。如果我們想尊崇耶穌和更像祂，我們在機構中必須為每一方面留下空間，努力令我們軟弱的部分成長。

君王：創造賜予生命的結構

君王建造基本建設，供應他子民的需要，保護他們免受傷害。君王致力建立公平和公正的社會時，權衡危機、作決定、分配資源、培養天份和處理生存及成長的問題。

君王在面對不確定和危險時，蒙召成為核心的可依賴力量，因此她必須明智、謹慎、堅強和大膽。我們想到領導時，這往往是我們想到的主要圖畫。我們期望君王處理危機，將複雜性減到最低，令她百姓的焦慮降到可以容忍的程度。她在混亂中施加秩序，並以連繫有感染力的樂觀和全然的誠實這樣做。

在《從A到A+》（*Good to Great*）這本書中，柯林斯（Jim Collins）講述他遇到斯托克代爾（Jim Stockdale）——

他心目中其中一個英雄的故事。斯托克代爾曾經是被囚禁在北越（North Vietnam），那聲名狼藉的戰俘營河內希爾頓（Hanoi Hilton）的最高級人員。柯林斯問斯托克代爾怎樣生存下來時，斯托克代爾告訴他，自己做得到是因為他有信心，他的故事會是好的。柯林斯然後問他甚麼人不能生存下來。這個前戰俘很快地回答説：「樂觀的人。」樂觀的人以為他們會在某個日子獲釋，例如聖誕節，而當那日子來到又過去時，他們便失去生存下去的決心。柯林斯寫道：

> 再停了很長時間後，我們再走一段路。然後他轉向我說：「這是十分重要的教訓。你一定不能將相信自己最終會成功——這是你不能失去的——與面對你現時的現實那些最殘酷的事實這操練混淆。」到了今天，我腦海中仍然帶著一幅圖畫，顯示斯托克代爾怎樣勸誡樂觀的人：「我們在聖誕節不能離開；接受它吧！」[3]

君王不能成為悲觀的人，他也不能成為樂觀的人。君王在危機中結合誠實和盼望。他建立一個也可以這樣做的隊伍。柯林斯論證說，人們比機構的方向重要得多：

> 啟動由好變為很好這轉變的行政人員，不是先想出要將巴士駛到哪裏，然後要人們照樣做。不，他們

> 先令合適的人上巴士（不合適的人下車），然後找出要駛到哪裏。他們等於說：「我實際上不知道我們應該將這巴士駛到哪裏。但我知道的是：如果巴士上有合適的人坐在合適的座位上，而且不合適的人下車，我們便會找到怎樣將巴士駛到很好的地方。」[4]

君王必須評估天份，看出長處和弱點，確保開放和有能力改變。有了這些資料，他便決定誰留下，誰離開。他決定不保留任何對機構的完整和能量有威脅的人。這可能是基督教機構中大部分領袖的失敗之處。大部分教會和非牟利機構的職員和資源甚少，不能忍受一個無用的人。即使領袖開除無用的人，也往往不是及時這樣做。

如果我們害怕衝突或需要羣眾的掌聲，便不能夠成為好的領袖。君王必須與自己的子民有親密的連繫，在自己的決定不受歡迎時也能夠忍受孤單。他必須大膽得能夠作艱難的決定，而又不致以教條主義或自大，隱藏他對決定可能是錯誤的恐懼。

祭司：創造有意義的連繫

祭司透過故事為自己機構的人創造意義。講故事既不單只是娛樂的消遣，也不單是傳遞事實或價值觀的有趣方式。

在《領導大師風雲錄》中，加德納寫道：「領袖的最終影響，最重要是視乎他們講述或體現的特定故事，以及聽眾（或合作者或追隨者）對那故事的接收。」[5]

加德納論證説，領袖講述的故事處理三個核心問題：我們的身分是甚麼？我們來自哪裏？我們去哪裏？這些問題與身分有關，包括個人和集體的。祭司幫助界定異象和使命，並且在這個過程中，將人們連繫到怎樣生活（頒佈法律），怎樣好好地生活（創意），和怎樣與別人好好地生活（連繫象徵和禮儀）。

頒佈法律

故事不單有趣；它實際上勾畫出人怎樣生活。摩西帶著十誡到百姓那裏時，以祭司的身分出現。他的百姓透過出埃及，從奴役中得解救——這是要講述的故事。故事令我們懂得怎樣模塑和安排我們的生命。故事提供不容易遵守的規則，即使它們清楚和簡明。

故事也在某程度上整理混亂，然後號召我們，到與上帝和別人交往的新深度。祭司講述故事，並從那敍事推斷生活的原則和規則。例如：祭司使用十誡將我們重新引向出埃及的故事在關係中的含義。良好的祭司不單確立要講述的故事，也確立我們怎樣根據故事反映的核心價值觀和實踐彼此交往。祭司需要有能力為機構闡釋故事，驅使他們活出甚麼價值觀。

創意

透過崇拜的物質性，透過行動和音樂，以及藉著在一個與家庭或工作十分不同的環境，集體創造一些東西，祭司幫助羣體將身體連繫到靈魂。例如：藉著運用大腦中與邏輯和線性很不同的部分，音樂能夠刺激情感，以邏輯做不到的方式感動我們。崇拜的地方讓人休息和提供空白的畫布，讓我們在與上帝交往和被祂改變時，畫上一些新的東西。祭司也號召我們在運用我們的創意、我們的內心和我們的身體時，以不同的方式觀看和思想。使身體投入活動的可能性是無限的：繩藝班、聖詩節、在小屋而不是會議室聚會、點燃蠟燭、寫詩、創造藝術。

最後，祭司提供一個創意的背景，引入失序，推動新的創造。祭司的領導必須涉及身體，容許人們經過秩序－失序－重整的過程。

連繫象徵和禮儀

祭司透過象徵和象徵的過程，在他們的產品、羣體和故事上留下烙印。烙印是一個印記，一個象徵，以濃縮、詩意和強烈的方式說出比單單符號本身遠為多的東西。聽起來可能是不尊重，但聖禮是留下烙印的儀式。十字架最終是基督教的烙印。

祭司用十字架和其他象徵，以十分濃縮和圖像的方式講述信仰的故事。大學頒授學位儀式和畢業禮涉及禮儀，多個世紀以來都是學術界的一部分。這些禮儀在象徵上的豐富，和主餐及洗禮相似，提供機構的核心故事和事實。它們將我們連繫到那些在我們之前，以及之後來到的人。

祭司是司儀，幫助我們在講道、聖禮或象徵性的舉動中，找到新鏡片看我們的生命。她既是比喻的創造者，又是根據象徵或比喻解讀我們的生命的闡釋者。她不單是講故事的人，也是翻譯者，將我們個別的故事帶到機構更大的故事中。

君王－祭司的結盟

君王和祭司的相處好像薯蓉和肉汁一樣。君王定下方向，並命令他的臣民朝那裏走。祭司為那些臣民提供實行君王的計劃的理據。司令需要故事，以支持參加戰爭或將需要的資源從一處轉到另一處。祭司提供對那犧牲的一種目的感，在部隊中有分歧時帶來一致性。

祭司會在國家的聚會做主持（講故事）。祭司不能從質疑君王定下的方向中有甚麼得益，因此那很容易變成友好、互惠的關係，帶來妥協。先知耶利米以這個控訴揭露虛假的祭司：

> 他們輕輕忽忽地醫治我百姓的損傷，
> 說：平安了！平安了！
> 其實沒有平安。[6]

不誠實的祭司容許信仰的故事被利用，來為對現狀的政治和社會議程服務。祭司根據他們多大程度上便利君王的要求，而從君王那裏取得權力。這種結盟令祭司能夠在為君王的議程服務時，以暴力對抗需要從王國中被禁止的罪。君王可以派他的特務去查出破壞規則的人，在神聖的王國中清除不滿。祭司往往贊成這種暴力，忽視了君王的過分。

同時，君王向祭司的故事下拜，承認祭司講述偉大神話的權威。君王服從由祭司階級確立的過程和程序，維持王國的組織，雖然他可能在對自己有利時違反那些規則。他往往會支付金錢興建由祭司管理的新教堂、大學和醫院，由祭司管理宗教，教育年青人，並照顧窮人。要讓君王維持權力，社會必須有強而有力的凝聚力，而君王知道祭司可以提供這種力量。

雖然祭司和君王往往象徵性地一起合作，無論是好是壞；但他們之間也可以有嚴重的張力。例如：高級管理人員傾向認為人力資源部門是一羣柔弱的人，花時間解決愛發牢騷的人的抱怨。人力資源部門往往視高級管理人員為牛仔和牛女，騎著馬直到被拋下來，渾身濕透。主任牧師（君王）和行政牧師或助理牧師（祭司）之間也往往有這種張力。助理感到他們受僱做君王不想做的工作，這通常涉及與人談話。助理視主任牧師為不與人接觸和不關心別人。

在最糟時，君王是惡霸，而祭司則是懦夫。但只要他們給對方他們生存所需要的東西，便可以有相對的和平存在，也就是，直到先知出現。難怪大部分機構都實行君王－祭司的二人組合。也難怪大部分機構只會偶然容許先知進入他們的階級，通常是以受薪顧問的形式。機構很少有智慧聘請先知，並保留他們成為職員，因為他們破壞自滿，透過做夢喚醒渴望。先知不是周圍最隨和的人。

先知：創造令人信服的異象

大部分人都想成長，但成長的代價是痛苦。葡萄藤如果不被修剪便不會產生很好的葡萄。所有成長和卓越都是這樣：透過操練順從痛苦，是通往成熟惟一的路。

操練是痛苦和成熟之間必然的連繫。它讓受苦的過程將我們模塑成更大的榮耀。例如：跑手在重大的比賽前，每天都改變他們的訓練。否則身體會對慣常的訓練感到自在，藉著只給予預期的賽跑所需的，而保留精力和減輕痛苦。身體似乎在說：「我認識你。你想跑遠一點和快一點，超過我感到自在的，但如果你嘗試這樣，我會要你付上代價。因此慢下來吧，享受那路程，這樣便不會有痛苦。」

因此跑手運用訓練課程，將他們更努力地向山上推，或者以長跑混合全速奔跑，藉以欺騙身體，不讓它停下來說「不」，而是不斷改進。同樣，生命的一些操練都要求破壞現狀，以令希望得到的進步可以繼續。操練提醒身體，它是那個可以想像更快的時間和跑更遠路的人的僕人。

身為操練的代表，先知是教練、詩人、有遠見的人和治療師的奇怪混合。他破壞舒適和自滿的範式。但他向我呼喊時，也邀請我渴望和夢想救贖。他以我將來有天會變成怎樣的異象安慰我時，號召我以委身於誠實、關心和公義創造那將來。（如果他不是先知，而是好的祭司，他會告訴我一個睡前的故事和安慰我。他甚至可能會拿一杯熱可可給我。）但先知和祭司很不同。這個古怪的存在呼喊、邀請和不斷要我前進。

先知揭露我們隱晦地轉向沉溺和沾沾自喜。他指出我們的自義和強調證明我們現在的狀況並不真實、良善或可愛的證據。而為了揭露現時存在的不公義，他往往容許自己成為愚蠢的人。

先知揭露不對的事情，部分是藉著喚醒救贖的夢。她詩意地觸及不對的痛處，並引起將來的異象。先知是詩人多於是煽動者。她的詩往往包含很多比喻和複雜的象徵，接觸內心的最深處。先知與透過象徵多於邏輯浮現的不自覺動機、欲望和夢想連繫。在這個意義上，先知和祭司重疊。祭司更朝秩序走，但先知使用象徵去使人焦躁和揭露別人。先知和祭司都是靈魂的詩人。祭司撰寫和唱出令內心向欲望開放的詩篇，而先知則說出密集和複雜的比喻，同樣喚醒變得麻木和遲鈍的心。

因此，難怪人們往往逃避先知－詩人－破壞者，視他們為太神祕或古怪。對正常人來說，先知可能富吸引力，但卻不可預測和危險。先知在「正常」的公司往往不受歡迎；他們在先知羣體中找到安慰，他們以自我專注和具破壞性而著稱。那些文化可以好像紐約的鄉村（Village）或中西部的神學院那樣不同。先知羣體吸引藝術家、詩人、神學家、治療師、作曲家、製作人、演員，偶然也包括真正的先知。這些人都有一個共通點：他們想挑戰君王和祭司的現狀。

結果先知往往被殺或被放逐。我們很容易明白箇中原因。很少人想自己的生命受，到破壞日常生活舒適的異象、詩和故事干擾。

領導的三個職事——先知、祭司和君王——互相補足，但也令彼此煩躁。三者之間總會有衝突和誤解。一種職事的成員無可避免地會對其他兩種職事的人，抱某程度的懷疑和輕蔑。但如果我們想尊崇耶穌和更像祂，我們必須在機構中為每一方面留下空間，努力令我們自己（個人和集體）軟弱的部分成長。

領袖也需要在他們靈魂中為三個方面都留下空間。聽起來，我好像在提議你成為一個受困擾和十分分歧的人。但實際上我們往往蒙召在一堂道或一節輔導中，實行所有三個職事——破壞自滿，給心痛的人帶來安慰，指示別人得到生命。因此，我們必須在機構和自己裏面，為這種豐富、富創意的複雜性創造空間。

混亂中的連貫

對缺乏知識的耳朵來說，爵士樂聽起來好像刺耳的聲音。但對行家來說，它不單以聲音歌唱，也以顏色和質地歌唱。爵士樂的節奏可能不能提供清晰的秩序及和諧，但隨著時間過去，它創造連貫而不致完全將混亂包圍。它迫使聽眾活在秩序和失序之間的張力裏，而在規矩的囚牢或無政府主義的放逐中，沒有找到解決方法。

關於刺耳的聲音，沒有甚麼可以與揭露的先知，使人和好的祭司，和發命令的君王之間的張力相比。那噪音是大部分人和機構都不想忍受的。例如：想像一下將一顆溫柔的心（安得烈，祭司），衝動的麻煩製造者（彼得，先知）和有力的領袖，例如馬太（稅吏）及西門（奮鋭黨人，反政府的革命份子）── 兩者都是君王 ── 連結起來。這會帶來衝突。但上帝的計劃是將混亂和秩序交織起來，創造一種神祕的音樂，將分裂的力量連結成新的統一。

君王創造強力的中心。祭司以神話和意義強化那中心。先知破壞那中心，藉以令它不會變得呆滯。在破壞中，新的中心會得到創造，新的意義會顯明。這個過程是未完成的，直到真正的君王來到，好像溫柔的祭司那樣統治，使所有破碎的和好，並在揭開他榮耀的真理時先知地進行揭露。

領導是關乎為那天鋪路，藉著以我們同時界定成熟，和為我們機構中存在複雜性創造空間去預示那天。我們多大程度上邀請那天來到，視乎我們多大程度上給予：

- 君王自由，創造基礎建設、政策、程序、表現標準和以表現為基礎的補償，以及聘請、辭退、晉升僱員或將他們降級，以及培養和保存天份；

- 祭司自由，創造使命、異象和價值觀，是以意義、故事和烙印為中心，藉以培養連繫、關心、饒恕、尊重、尊嚴和成長；
- 先知自由，透過與促進失衡、絕望和受苦，但卻帶來奧祕、弔詭、渴望和夢想的真理相遇，創造新的思考方式。

我們必須將三種領袖放在房間中，邀請他們每一位珍惜別人的長處多於自己的長處。視別人為更珍貴和必須，只能夠在破碎和蹣跚的領袖中發生。

破碎和蹣跚的領袖彼此需要對方。君王單獨一人會變成憎恨混亂的獨裁者。祭司單獨一人會為了避免衝突而墮進遷就。先知單獨一人會為了逃避沉悶，而沉迷在戲劇效果和自我專注中。他們需要大家去避免自己自戀的陷阱。但他們交往製造的張力，無可避免地會比那交往的即時利益更大。最好的領袖努力在自己裏面培養這三種職事。

我必須知道自己的長處和自然能力，並稱它們為良好的，因為上帝祝福了這些傾向。我也必須指出我最大的缺乏或弱點，思考為甚麼領導的那方面對我那麼困難。那可能是生物學方面的。例如：與注意力不足症（ADD）搏鬥的領袖很少會傾向成為君王。對其他人來說，他們的掙扎可能與性格有關：很少內向的人會發現自己天生的長處是成為祭司。重要的生命經驗也可能模塑我們身為領袖的傾向：很少先知來自適應得很好、快樂的家庭。無論甚麼因素，上帝都渴望我們藉著使用我們的長處，得以進入重大的麻煩，揭露我們的弱點，從而使我們成熟。

我們的弱點令我們最倚靠耶穌，而且奇怪和神祕的是，那些弱點最能夠令我們認識祂。我希望情況不是這樣。我往往祈求可以有其他方法，但我是在領導的危機和複雜性中，因為自己自戀地嘗試控制和操控而變得筋疲力盡時，發覺我除了祂以外，便沒有其他人——而祂是足夠有餘的：

- 不足以解除危機，但足以勇敢地進入危機；
- 不足以簡化複雜性，但足以服從幾個真理；
- 不足以逃避出賣，但足以以尊嚴忍受出賣；
- 不足以逃避自我專注，但足以明白安慰；
- 不足以找到完全的醫治，但足以在將來的應許中安息。

因此我們必須承認和接受我們的軟弱，因為它們可以產生出善來。例如：身為破碎的君王，我矛盾地應許公義的新統治。身為破碎的祭司，我邀請內心渴望將來救贖的日子。身為破碎的先知，我笨拙地宣告真理令我的機構走上祈求、尋找和叩門的無盡旅程。上帝救贖我們的破碎。

蹣跚的領袖在緊靠著君王耶穌帶領她，祭司耶穌安慰她，先知耶穌告訴她真理時令人們認識耶穌。我們從自己和我們的領袖可以期望的，是透過他們和我們自己的破碎更認識耶穌，不多也不少。我們必須要求，自己和我們的領袖，蹣跚並向前倒向恩典強而有力的臂彎中：

「我的恩典夠你用的，因為我的能力是在人的軟弱上顯得完全。」所以，我更喜歡誇自己的軟弱，好叫基督的能力覆庇我。我為基督的緣故，就以軟弱、凌辱、急難、逼迫、困苦為可喜樂的；因我甚麼時候軟弱，甚麼時候就剛強了。[7]

註　釋：

1. François Turrettini, 引自 Alister E. McGrath, ed., *The Christian Theology Reader* (Oxford: Blackwell, 2001), 283。
2. Jean Lipman-Blumen, *Connective Leadership: Managing in a Changing World* (New York: Oxford University Press, 2000), 124.
3. Jim Collins, *Good to Great: Why Some Companies Make the Leap...and Others Don't* (New York: HarperCollins, 2001), 85.
4. Collins, *Good to Great*, 41.
5. Howard Gardner 與 Emma Laskin 合作的, *Leading Minds: An Anatomy of Leadership* (New York: HarperCollins, 1996), 14。
6. 耶利米書六章 14 節。
7. 哥林多後書十二章 9 至 10 節。

讀者意見表

緊扣時代 服事教會

以文字傳揚基督真道

衷心多謝你購買本社書籍。本社一直致力以出版事工服事教會，幫助信徒扎根於神的話語，促進靈命增長。為使我們的出版更能滿足你的需要，請填寫下列各項資料，並寄回或傳真予本社。

所購書籍：＿＿＿＿＿＿＿＿＿＿＿＿＿＿＿＿

本書最吸引你的地方：
□作者　□適切性　□文筆　□設計　□實用性
□其他：＿＿＿＿＿＿＿＿＿＿＿＿＿＿＿＿

購買本書地點：
□基道書樓　□基督教書店　□非基督教書店

性別：□男　□女　職業：＿＿＿＿＿＿＿＿

信仰：□基督徒　□非基督徒

年齡：□ 16 歲或以下　□ 17～25 歲　□ 26～35 歲
□ 36～55 歲　□ 56 歲或以上

學歷：□中三或以下　□中五　□預科
□大學　□研究院

□我欲更多了解基道出版社的事工及考慮支持，請寄給我下列資料：
□機構簡介　□新書資料　□基道會員通訊
□《基道文字事工通訊》

姓名：＿＿＿＿＿＿＿＿＿＿電話：＿＿＿＿＿＿＿＿
地址：＿＿＿＿＿＿＿＿＿＿＿＿＿＿＿＿＿＿＿＿
＿＿＿＿＿＿＿＿＿＿＿＿＿＿＿＿＿＿＿＿＿＿＿
傳真：＿＿＿＿＿＿＿＿ 電子郵件：＿＿＿＿＿＿＿＿
其他意見：＿＿＿＿＿＿＿＿＿＿＿＿＿＿＿＿＿＿
＿＿＿＿＿＿＿＿＿＿＿＿＿＿＿＿＿＿＿＿＿＿＿

多謝賜教！

意見表可以傳真（2687-0281）或直接郵寄以下地址：
香港沙田火炭坳背灣街26號富騰工業中心1011室
基道出版社編輯部收